목소리로 연기하는 배우,
성우 되기

목소리로 연기하는 배우, 성우 되기

ⓒ 황보현 2015

초판 1쇄	2015년 3월 31일	
초판 6쇄	2023년 11월 16일	

지은이	황보현

출판책임	박성규	펴낸이	이정원
편집주간	선우미정	펴낸곳	도서출판 들녘
기획이사	이지윤	등록일자	1987년 12월 12일
편집	이동하·이수연·김혜민	등록번호	10-156
디자인	하민우·고유단		
마케팅	전병우	주소	경기도 파주시 회동길 198
경영지원	김은주·나수정	전화	031-955-7374 (대표)
제작관리	구법모		031-955-7389 (편집)
물류관리	엄철용	팩스	031-955-7393
		이메일	dulnyouk@dulnyouk.co.kr

ISBN	978-89-7527-527-2 (14370)
	978-89-7527-648-4 (세트)

값은 뒤표지에 있습니다. 잘못된 책은 구입하신 곳에서 바꿔드립니다.

푸른들녘
미래탐색
0 0 6
성   우

들녘

무엇이라도 꿈을 꿀 수 있다면

그것을 실행하는 것 역시 가능하다.

★ 월트 디즈니 ★

성우가 되지 못한
어느 기자의 고백

"제가 해도 될까요?"

이 책의 집필 의뢰를 받고 제 입에서 처음으로 튀어나온 말입니다. 성우도 아닌 제가 성우에 대한 이야기를, 그것도 청소년 여러분에게 성우라는 직업을 소개하는 책을 써도 될까 조심스러웠거든요. 하지만 오히려 객관적이어서 좋다는 편집부의 설득에 용기를 내 이렇게 펜을 들었습니다.

책을 쓰면서 알게 된 사실이 하나 있어요. 사람들이 '성우'에 대해 정말 모른다는 것이었습니다. 새삼스럽게 무슨 말이냐고요? 사실 저는 어릴 적부터 성우라는 직업을 꾸준히 인지하고 접해온 경우라 남들도 다 저 같은 줄 알았거든요. 성우를 동경하고, 한때나마 성우의 꿈을 키우고, 취준생 때조차 '성우를 만날 수 있으니까'라는 단순한 이유로 직업을 선택할 정도였으니 말 다했죠. 덕분에 현재 국내에서 성우들과 인터뷰를 가장 많이 한 사람이 될 수 있었다고 생각합니다만….

처음 책의 내용을 구성할 때는 애를 좀 먹었답니다. 저는 이미 성우라는 직업에 익숙한 사람이었고 성우를 바라보는 시각이 일반인과는 달랐기 때문이었죠. 그러다 원고 분량이 부족해 친구에게 "성우라는 직업에 대해 궁금한 게 뭐가 있어?" 하고 별 생각 없이 물어봤던 것이 계기가 되어 원고를 대대적으로 뜯어고치기에 이릅니다.

왜냐고요? 사람들은 전속성우라는 게 있는 줄도 모르는데, 저는 다짜고짜 "방송국 전속기간에는 이런 일을 합니다"라는 내용을 쓰고 있었거든요. 저도 모르게 '성우는 모두 전속기간을 거치니까 사람들도 성우들이 그 기간에 무슨 일을 하는지 궁금해할 거야!'라며 헛다리를 짚고 있었던 거지요. 친구의 답변을 듣고서야 '아차! 큰일이다. 편집부는 성우를 바라보는 객관적인 시각을 기대하고 의뢰한 건데 난 이미 객관적이지 않잖아!' 하는 생각이 들면서 등에서 식은 땀 한 줄기가 쫙…. 그때의 당황스러움이란! 어쨌든 이미 엎질러진 물, 편집부에 양해를 구하고 처음부터 다시, 성우의 세계를 잘 모르는 사람들의 입장에서 고민하며 한 자 한 자 써나갔습니다. (제게 이 책을 의뢰한 것을 편집부에서 후회하는 일만 없기를 바라며…. 하하)

책을 쓰면서 꼭 하고 싶었던 말이 있습니다. 성우를 동경하기는 쉽지만 성우가 되는 것은 굉장히 어려워요. 그건 이 책만 봐도 알 수 있을 겁니다. 그렇다고 해서 '내가 감히 도전해도 될까?' 하고 지레 주눅이 들 필요는 없습니다. 우리는 누구나 다양한 꿈을 꿀 권리가 있으니까요. 다만 중요한 것은 현실을 직시하는 것이죠.

누군가는 "목소리만 좀 좋다 싶으면 너도나도 성우 한번 해보겠다고 덤볐다가 금세 떨어져나간다"고 비난하듯 말합니다. 하지만 제 생각은 조금 달라요. 성우라는 직업이 나와 잘 맞는지, 정말 하고 싶은 일인지는 누구보다도 본인 스스로가 가장 잘 안다고 생각하거든요. 그건 스스로 경험해보기 전에는 대부분 느끼지도, 깨닫지도 못할 것입니다. 그러니 성우라는 꿈을 갖는 것에 대해 잠시라도 주저하지 마세요. 속된 말로 '간만 보고 포기한다' 한들 여러분을 비난할 권리는 아무에게도 없습니다.

"성우가 되고 싶어서 도전해봤지만 나와는 안 맞는 것 같아서 그만 둘래." 끈기가 없다고요? 아뇨, 현명한 판단일 수 있습니다. "남들보다 실력이 떨어진다는 건 알지만 성우 일이 재미있어서 포기를 못 하겠어." 미련하다고요? 글쎄요. 이것 또한 올바른 판단일 수 있습니다. 사람 일은 아무도 모르는 거니까요.

이 책은 성우라는 직업에 관심이 있는 청소년 여러분이 직접 몸으로 부딪쳐 경험을 해보기 전에 최소한의 판단 기준이 될 정보를 제공하자는 마음으로 썼습니다. 그러니 지레 겁부터 먹거나 무작정

덤벼들지 말고 먼저 성우 세계에 대해 잘 알려지지 않은 현실을 먼저 접한 다음 신중하게 접근해도 늦지 않을 거예요.

제가 어릴 때 가장 먼저 인지한 성우의 목소리는 이규화 성우의 목소리입니다. 어릴 적 남동생들과 TV를 보다가 이규화 성우의 목소리만 나오면 누가 먼저랄 것도 없이 "커크 목소리다!"를 외쳐댔어요. 커크가 누구냐고요? 20년도 더 된 작품이라 여러분은 잘 모를 텐데, 「슈퍼소년 앤드류」라는 청소년 외화 드라마에 나오는 주인공 앤드류의 친구예요. 그렇게 좋아했던 앤드류의 얼굴은 기억도 안 나는데 주인공 친구 목소리를 더빙한 성우가 누군지 기억하고 있다니 굉장하지요. 물론 '이규화'라는 성우의 이름을 알게 된 건 나중 일이지만, 그만큼 커크의 음색은 우리 집 꼬마들의 머릿속에 강하게 각인되었던 것이겠죠.

생각해보면 저는 처음부터 성우가 될 적성은 아니었던 것 같아요. 어릴 때 TV를 보면서 성우의 목소리를 흉내 내거나 대사를 따라하는 일명 '성우 놀이'를 한 것이 아니라, '목소리 구별하기 놀이'에 더 빠져들었으니까요. 다른 캐릭터에서 익숙한 목소리가 들리면 반갑고, 괜히 더 정이 갔어요. 많은 성우 팬들이 경험하는, 목소리 따라 좋아하는 캐릭터가 결정되는 지경에 이른 거죠. 그렇게 따졌을 때 제 인생 첫 아이돌 성우는 고(故) 백순철 성우입니다. 「슈퍼소년 앤드류」의

앤드류에서 「란마1/2」의 료가로 이어지는 백순철 성우 목소리 사랑!

　목소리 구별하기 놀이는 제가 고등학생이 되고 일본 애니메이션 속 성우에 관심이 생기면서 더욱 깊어집니다. 당시 일본 성우들은 제게 그야말로 신세계를 열어주었어요. 1990년대 초반은 일본에서 성우 붐이 일면서 애니메이션 관련 매체를 중심으로 성우 시장이 형성되던 때로 기억합니다. 처음으로 작품과는 별개로 성우 오리지널 음반이 발매되고, 성우 전문 잡지가 생겨나는 등 성우를 이용한 온갖 부가 상품들이 쏟아져 나오기 시작하던 때였죠.

　그때 만난 운명적인 목소리가 있었으니 애니메이션 「유유백서」의 쿠라마, 바로 성우 오가타 메구미의 목소리였습니다. 당시 처음으로 목소리에 마음이 설레는 경험을 하고, 현실의 성우를 봤다가 충격을 먹기도 했어요. 나의 쿠라마가 여자라니… 여자라니… 여자라니!!! 그 뒤로 '이 목소리면 얼굴 안 보고도 결혼할 수 있겠다'는 신념(?)을 심어준 고(故) 시오자와 카네토 성우, 인터뷰할 때까지 퇴사란 없다며 직업에 대한 동기를 확실하게 부여해 준 이시다 아키라 성우, 사쿠라이 타카히로 성우에게 심심한 감사를 표합니다.

　물론 어릴 적부터 이어져온 한국 성우에 대한 관심도 여전합니다. 애니메이션이라면 놓치지 않고 봤던 제게 「쾌걸 조로」의 조로 역을 맡았던 박기량 성우와 「소년 기사 라무」에 나온 박영희 성우의 드럼 목소리는 "와~" 하고 입을 벌리고 들을 만큼 진심으로 멋진 목소리였거든요. 이렇게 성우와 애니메이션은 끊을 수 없는 고리처럼 물고 물려 저를 점점 더 '오덕'의 길로 인도했습니다.

사실 저는 아직도 아이돌 음악을 들으며 목소리 구별하기 놀이를 하고 있답니다. 그리고 이렇게 자란 제가 성우에 관한 책을 쓰게 되다니 가문의 영광일 따름입니다. 제게 이런 복된 기회를 주신 들녘 편집부에 진심으로 감사드립니다. 그리고 인터뷰에 응해주신 성우 여러분, 흔쾌히 감수를 맡아주신 성우협회에도 감사의 말씀을 전합니다.

Contents

세 번째 목소리

목소리 길들이기

네 번째 목소리

전속성우, 프로성우, 언더성우

다섯 번째 목소리

녹음실 안 성우의 영역

Behind the Voice 118

서브 문화 산업에 불을 지핀 '동네오빠 프로젝트'

여섯 번째 목소리

당신의 목소리를 살게요

Behind the Voice 136

Interview

선택 받기를 기다리기보다 직접 성우 콘텐츠 제작에 나선 사운디스트 대표, 성우 김승준

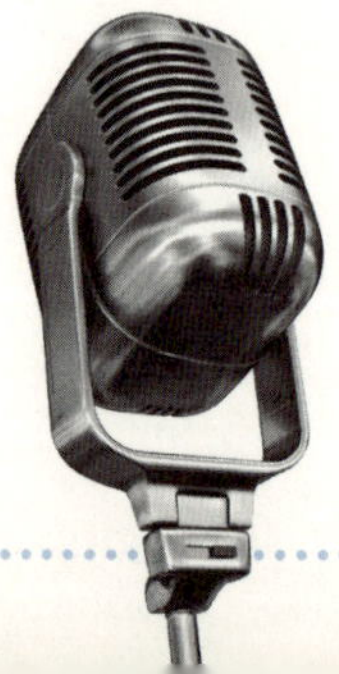

목소리 일발 장전!

"너는 꿈이 뭐니?"

"성우가 되고 싶어요."

"성우? 아니 왜?"

"목소리가 예쁘다는 말을 많이 들었거든요. 그리고 재미있어 보여요."

"그렇구나, 그럼 성우가 되기 위해 무엇을 하고 있니?"

"글쎄요. 성우는 목소리만 좋으면 되는 거 아닌가요?"

여러분은 꿈이 뭔가요? 물론 우리가 이렇게 만났다는 것은 여러분이 성우를 꿈꾸고 있거나 적어도 성우라는 직업에 조금이라도 관심이 있다는 뜻이겠죠? 진로를 고민하면서 여러 가지 직업·적성에 대한 책을 보고 있는 중일 수도 있고요.

그럼 성우가 되고 싶은 친구들은 어떤 계기로 성우를 꿈꾸게 되었나요? 앞의 대화에서처럼 목소리가 멋지고 예쁘다는 말을 많이 들어서인가요? 특정 성우를 동경해서일 수도 있고, 단순히 애니메이션을 좋아해서일 수도 있겠네요. 성우라는 직업 자체에 대한 감탄과 동경이 계기일 수도 있고요. TV에 나온 성우를 보고 "와, 멋있어! 목소리 연기 짱이야. 나도 해보고 싶어!" 하면서요.

그 이유가 뭐든 성우 세계의 문을 열고 들어온 여러분을 환영합니다. 들어올 때는 여러분 마음이었지만 나갈 때는 아니란… 아차차! 나갈 때도 여러분 마음이에요. 다만 그전에 여러분에게 성우의 세계를 조금이나마 경험할 수 있는 기회를 드리고 싶어요.

여러분이 가지고 있는 성우에 대한 오해를 풀고, 가능하면 성우의 매력을 맘껏 느낄 수 있었으면 좋겠는데… 괜찮죠? 그럼 질문 하나만 할게요. 제가 성우에 대한 오해라고 했는데 "무슨 오해? 우리가 오해하고 있는 게 있었어?" 하고 갸우뚱했지요? 나중에 더 자세히 나오겠지만 위의 대화에 나온 "성우는 목소리만 좋으면 되는 거 아닌가요?"가 바로 그 오해랍니다.

목소리가 좋으면 성우가 될 수는 있어요. 일상에서도 가끔 목소리가 좋은 친구를 만나면 "이야~ 너 목소리 성우 같아!"라고 많이 이야기하잖아요. 하지만 목소리가 좋다고 해서 다 성우가 될 수 있는 건 아니에요. 그 이유는 나중에 차차 알아가기로 하고요. 또 성우가 너무너무 되고 싶은데 목소리가 좋지 않은 친구들도 있겠죠?

걸걸한 목소리를 가졌거나 한 번 들으면 잊을 수 없는 독특한 목소리를 가진 친구들 말이에요. 그런 친구들은 무리해서 예쁜 목소리를 내려고 고민하지 않아도 돼요. 독특한 목소리가 오히려 경쟁력이 될 수도 있으니까요.

아무튼 제가 빙~ 돌아 이런 이야기를 하는 이유는 따로 있답니다. 성우 세계를 탐험하기 전에 자칫 좋은 목소리만 믿고 다른 노력을 하지 않는 사람, 혹은 벌써부터 '난 재능이 없어서 안 될 거야'라고 포기하는 사람들에게 하고 싶은 이야기가 있거든요. 성우에 관심이 없거나 아직 진로를 정하지 못한 사람들도 잘 들어봐요. 리슨-

노력을 이기는 재능은 없습니다. 꼰대 같은 말이라고요? 맞습니다. 하지만 틀린 말도 아니지요. 성우가 되려면 목소리 말고도 발성, 발음, 어휘 구사 능력, 연기력 등 갖추어야할 것들이 많이 있어요. 성우라는 직업을 소개하는 책이기 때문에 성우를 예로 들고 있지만 다른 모든 일이 그렇죠. 그런데 무턱대고 재능만 믿고 자만하거나 좌절한다면 그 얼마나 어리석은 일입니까? 세계적인 달리기 선수인 우사인 볼트라고 태어나자마자 잘 달렸을까요? 물론 자라면서 달리기에 재능이 있다는 것을 알았겠지만 그도 걸음마를 배울 땐 수도 없이 넘어졌을 거예요. 처음은 누구에게나 다 어렵습니다. 하지만 제대로 걷는 법을 알고 뛰기 시작하면 자신도 몰랐던 무언가를 발견할 수 있겠지요.

반대로 우사인 볼트가 자신의 재능을 믿고 달리기 연습을 게을리했다고 생각해보세요. 자신보다 재능은 덜하지만 노력을 게을리하지 않았던 다른 선수에게 우승을 빼앗겼을 수도 있습니다. 그러니 여러분, 지금 눈앞에 드러나는 '재능' 때문에 일희일비하지 말았으면 좋겠습니다.

그리고 당장 꿈을 이루지 못한다고 해서 슬픔에 빠져 있지도 말았으면 해요. 꿈꾸자마자 바로 꿈을 이루는 일은 극히 드무니까요. 실패를 두려워하지 말라는 것은 아닙니다. 실패를 하면 누구나 슬프고 눈물이 쏟아집니다. 다만 실패의 슬픔에 깊이 빠져 계속 인생을 허비하거나 '어차피 실패할 텐데 도전하면 뭐 하나' 하는 생각일랑 머릿속에서 싹 지워버리세요. 우리가 정말 걱정해야 할 것은 시도조차 하지 않을 때 놓치게 될 '기회'니까요.

말을 하다 보니 잔소리가 좀 길어졌네요. 성우의 세계가 궁금해 이 책을 펼쳐들었을 여러분을 기다리게 해서 미안해요. 자, 각설하고 이제 본격적으로 마이크 너머, 목소리로 이루어진 성우의 세계로 들어가 볼까요? 크흠흠- 아~ 아~ 목소리 일발 장전하고, Ready & Get Set, Go!

첫 번째 목소리
성우는
연예인일까?

목소리로 연기하는 배우, 성우

애니메이션을 한 편도 보지 않은 사람? 손들어 보세요. 있나요? 없지요? 우리는 의외로 아주 어릴 적부터 성우라는 직업을 접하게 됩니다. 바로 애니메이션 덕분에요. 애니메이션 캐릭터가 실제 사람이 아니라는 것을 깨닫는 순간, 충격에 빠지는 동시에 캐릭터의 목소리를 연기하는 성우의 존재를 알게 되는 거예요.

성우는 정확하게 어떤 일을 할까요? '성우'를 한자로 풀어써볼게요. '聲(소리 성)'에 '優(배우 우)', 소리배우. 한마디로 '목소리로 연기하는 배우'라는 뜻입니다. 영어로는 'voice actor'라고 하는데, 'voice=목소리', 'actor=배우'로 한자를 풀어쓴 것과 뜻이 딱 들어맞아요. 성우는 영화배우나 탤런트처럼 얼굴을 드러내지 않고 목소리만으로 연기를 하기 때문에 흔히 '얼굴 없는 배우'라고 표현하기도 해요.

애니메이션이나 외화를 자주 보다 보면 적어도 한 번쯤 "어디서 많이 듣던 목소린데?" 하는 순간이 있어요. 극 중 캐릭터의 목소리가 귀에 익어 절로 목소리 구분이 되는 거죠. TV에 성우가 출연해 "이 목소리도, 저 목소리도 모두 한 사람이 내는 거였다! 우와~" 하는 식의 예능 방송을 본 친구들도 있을 테고요. 그때마다 우리는 놀라면서 성우의 세계를 신기한 눈으로 바라봅니다.

성우는 겉으로 모습을 드러내지 않고 화면 밖에서 목소리로 활약하는 '얼굴 없는 배우'입니다. 그러다 보니 TV나 영화에 나오는 배우, 탤런트, 개그맨, 가수 등에 비해 모습이 화려하지 않아요. 대중에게 알려진 성우도 많지 않고요.

그래서인지 가끔 TV에 출연하거나 다른 이유로 성우라는 직업이 조명될 때면 생각보다 우리 생활 가까이에서 성우들의 목소리를 접하고 있다는 사실에 흥미로워하는 사람들이 많아요.

성우는 애니메이션이나 외화를 더빙하는 직업 아니냐고요? 맞아요. 뿐만 아니라 TV 홈쇼핑의 내레이션, 지하철의 안내 방송, 자동차 내비게이션 등등 성우의 목소리를 들을 수 있는 곳은 아주 다양합니다. 우리는 부지불식간에 성우들의 목소리를 들으며 생활하고 있지요.

알고 보면 성우는 우리 생활과 밀착된 직업이에요. 아직은 잘 모르겠다고요? 친근한 듯 낯선 듯 막연하게 느껴지는 성우의 세계. 그를 둘러싼 베일을 지금부터 하나씩 하나씩 벗겨보겠습니다.

성우는 방송사 정규직?

드라마 「미생」[*] 은 한 직장 안에서 드러나는 계약직과 정규직의 차이를 잘 그리고 있습니다. 평생직장의 개념이 사라지고 고용이 불안정한 시대이기에, 사람들은 계약 기간이 끝나면 다음이 보장되지 않는 계약직보다는 자신의 근무 의지만 있으면 안정적으로 일할 수 있는 정규직을 선호하지요. 그럼 성우는 어떨까요?

우리나라에서 성우가 되는 길은 단 하나, 방송국 공채밖에 없습니다. 맞아요. 방송국에서 아나운서나 개그맨을 뽑듯이 성우를 뽑는 거죠. "그럼 완전 안정적인 꿈의 직장이네요!" 글쎄요…. 방송국 공채를 통해서만 성우가 될 수 있기는 한데, 성우는 방송국 정규직이 아닌 일반 계약직에 해당해요. "그럼 계약직[**] 으로 있다가 2년 뒤에 정규직으로 전환되겠네요?" 이 질문의 답 역시 아쉽게도 'NO'입니다.

방송국 공채를 통해 선발된 성우들은 '전속성우'라는 이름으로

---

[*] 미생은 '돌이 아직 완전히 살아 있지 않은 상태'를 뜻하는 바둑 용어입니다. 드라마 「미생」은 만화가 윤태호의 동명 웹툰을 원작으로 한 tvN 드라마였는데요. '아직 살아남지 못한 자'라는 뜻의 '미생세대'라는 신조어가 생길 정도로 대중의 공감을 얻고 인기를 끌었어요.

[**] 현행 노동법상 계약직은 2년을 초과해 고용하면 정규직이나 무기 계약직으로 전환해야 합니다.

해당 방송국에서 2년간 활동합니다. 전속성우는 방송국 공채에 합격해 그 방송국에 전적으로 소속된 성우를 말해요. 전속기간이 끝나면 프리랜서로 독립하게 되지요. 똑같은 방송국 공채임에도 아나운서는 방송국을 나와 프리랜서 선언을 하면 괘씸죄로 비난받기도 하고, 몇 년간 해당 방송국에는 출연을 못 하게 되기도 합니다. 그런데 성우는 본인의 의지와 관계없이 전속기간이 끝나면 무조건 프리랜서가 되지요. 2년 만에 적자생존의 야생에 던져지는 거랍니다.

대신 방송국 전속기간을 마치고 나면 비로소 '프로성우'로서 성우협회에 정식으로 가입할 자격을 얻게 됩니다. 방송국 제약 없이 자유롭게 활동할 수도 있고요.

언제나 청춘 스타!

"죽을 때까지 연기하고 싶다!" 갑자기 무슨 말이냐고요? 어떤 배우의 인터뷰에서 읽었는데요. 대부분의 배우들은 죽을 때까지 연기하다가 무대 위에서 눈을 감고 싶다는 말을 종종 합니다. 배우들에게는 정년이 따로 없기 때문에 할 수 있는 말이 아닌가 합니다. 어떤 극이든 다양한 연령대의 인물이 등장하기 때문에 배우들은 실제 나이에 따라 맡을 수 있는 배역이 달라질 뿐 신체적인 여건만 받쳐준다면 얼마든지 연기를 계속할 수 있으니까요. 왕년에 청춘 스타로 날리던 주연급 남녀 배우들이 세월이 지나면 주인공의 엄마 아빠 역으로 다시 모습을 드러내듯이 말이죠.

성우도 마찬가지입니다. 오히려 목소리만 들어서는 나이를 가늠할 수 없는 것이 성우라는 직업의 특징 중 하나예요. 덕분에 배역과 함께 나이를 먹어가는 배우와는 달리 성우는 지긋한 나이에도 젊거나 어린 캐릭터를 연기할 수 있답니다.

흔히 목소리는 잘 늙지 않는다고 하죠. 현장에서 성우들을 만나면 그 말을 정말 실감합니다. 손주가 있어도 이상하지 않을 연배의 베테랑 성우가 미취학 아동 역할을 맡기도 하는 곳이 바로 성우의 세계니까요. 짱구 목소리로 잘 알려진 박영남 성우처럼 말이죠.

물론 나이가 들면서 톤이 낮아지고 말이 느려지는 등 목소리가 조금은 변하겠지요. 하지만 세월의 연륜이 자연스레 묻어나는 목소리가 필요한 역할 또한 존재하게 마련입니다. 젊은 성우가 아무리 노인 목소리를 흉내 낸들 실제로 그 연배의 성우가 연기하는 것과 같을 수는 없을 테니까요.

다만, 배우나 성우에게는 '몸'이 가장 중요한 자산입니다. 성우가 정년 없이 연기를 하려면 여러 가지 조건을 갖추어야 하겠지만, 무엇보다 목 관리와 건강관리가 가장 중요하다는 것을 잊지 마세요.

얼굴 없는 배우라 불러주세요

성우는 연예인일까요? 여러분은 어떻게 생각하세요? 대부분의 사람들은 성우를 연예인이라기보다는 특정 분야에 능력이 있는 전문 직업인 내지 PD와 같은 방송 직업군 중 하나쯤으로 생각하는 것 같습니다. 아무래도 성우가 연예인들처럼 얼굴을 드러내고 일하는 직업이 아니기 때문이겠지요. 의외로 성우들도 이런 질문을 받으면 헷갈려한답니다.

여느 배우와 마찬가지로 성우도 (목소리) 연기를 하니까 연예인인가 싶죠? 하지만 연예기획사에 소속되어 있는 것도 아니고…. 나름 팬덤이 있는 걸 보면 연예인이 맞는 것 같기도 한데, 막상 또 연예인이라기엔 아무리 방송국을 돌아다녀도 알아보고 귀찮게 하는 사람

하나 없잖아요. 그럼 성우는 연예인이 아니다?

정답은 '성우＝연예인'입니다. 연예인 노조에 가입되어 있거든요. 물론 성우 스스로 본인이 연예인이라고 체감하지 못하는 경우가 많지만, 방송계에서 콘텐츠의 일부를 구성하는 어엿한 배우지요. 특히 요즘에는 방송 직업군의 활동 영역이 넓어지고 경계가 많이 허물어져서 다른 직업군에 비해 성우는 '얼굴 없는 배우'에서 '얼굴 있는 배우'로의 영역 확장이 쉬운 편입니다. 물론 많은 노력과 투자가 필요하지만요.

하지만 '겉으로 나서지 않아도 된다는 점'을 이 일의 장점으로 꼽는 성우도 많습니다. 연기를 통해 다른 이의 삶을 사는 카타르시스를 느끼면서 현실의 일상은 자유로운 이중생활~. 어때요? 무척 매력적이지 않나요?

미키마우스, 성우의 시대를 열다!

성우는 미국에서 처음 등장한 직업이에요. 조금 의외라고요? 성우의 역사를 말할 때 영화사를 빼놓을 수 없는데요. 무성 영화*에서 기술의 발달로 유성 영화로 넘어가던 시기, 유명 애니메이션 회사 월트 디즈니 컴퍼니는 깊은 고민에 빠집니다. 애니메이션 미키마우스의 목소리를 담당할 사람이 필요했거든요. 결국 그 목소리를 직접 녹음한 사람이 바로 월트 디즈니였답니다. 미키마우스가 성우의 시대를 활짝~ 열어준 셈이지요.

미키마우스

「증기선 윌리」에서 처음 등장했어요. 수컷 쥐를 의인화한 캐릭터지요. 월트 디즈니가 목소리를 담당했고 한국판 애니메이션에서는 강수진 성우가 목소리를 담당했습니다.

(출처: 위키백과)

★ 무성 영화는 녹음된 소리, 특히 대사가 없는 영화를 말해요. 영상과 녹음된 소리를 합치려는 생각은 영화의 초기부터 있었는데, 화면과 소리의 동기화라는 기술적 문제 때문에 1920년대 후반까지는 무성 영화의 시대였죠. 대사는 장면 중간 중간 자막으로 삽입되었고요. 유성 영화는 화면과 소리가 결합된 영화입니다. 무성 영화에 대비되는 개념이죠.

대한민국 최초의 목소리

우리나라에서는 일제 강점기 때 처음으로 성우가 등장했어요. 1924년 조선극우회 소속이자 한국 영화 최초의 신여성 고(故) 복혜숙* 선생이 라디오에서 한국 최초 시험 방송 멘트를 한 것이 그 시초지요. 1927년 5월 23일에는 라디오 드라마가 최초로 방송되었어요. '헨리크 입센'의 「인형의 집」이었지요. 1933년 4월 26일에는 우리나라 최초로 '우리 말' 방송이 시작되었고요. 이렇게 라디오를 중심으로 활동해오다가 1954년 12월, 6·25로 흩어진 방송 드라마를 재건하기 위해 당시 조남사 연출계장이 새로이 제1기 성우를 모집, 6·25 전 성우 1,2기를 특기로 분류했어요. 이후 1963년 11월 17일 한국성우협회가 창립되고 다양한 방송국의 극회에서 성우들이 활동하고 있지요.

★ 복혜숙(1904년 6월 7일~1982년 10월 5일)선생은 이후 한국성우협회 초대 고문을 지냈고 '성우의 어머니'로 불리고 있답니다.

삶 속에서도 가장 어리석고 못난 변명은
"시간이 없어서"라는 변명이다

★ 토마스 에디슨 ★

★ 두 번째 목소리 ★
저는 꿀성대가
아닙니다만…

성우는 모두 음색의 제왕?

"성우가 되고 싶은데요. 목소리가 좋다는 소리를 들어본 적이 없어요. 그럼 성우가 되기 힘든가요?" 물론… 그럴 리가요! 사람들이 성우에 대해 오해하는 사실이 몇 가지 있어요. 그중 베오베(Best of Best)가 '목소리가 좋으면 성우를 한다'는 생각입니다.

성우는 목소리가 좋은 사람이 갖는 특수한 직업이라는 인식이 막연하게 깔려 있죠. 그러다 보니 우리는 일상에서 독특한 목소리나 듣기 좋은 목소리를 가진 사람을 만나면 곧잘 "성우 같다"는 말을 합니다. 이렇게 성우들의 음색이 '은쟁반에 옥구슬 구르는 소리'처럼 특별하고, 일반인과는 다르다고 생각되어왔기 때문일까요? 마치 성우가 되려면 '듣기 좋은 목소리'가 가장 우선되는 자격인 것처럼 생각하는 사람들이 많아요.

물론 한 번 들으면 뇌리에 박히는 탁월한 음색이 성우에게 강한 무기가 될 수는 있어요. 하지만 목소리로 '연기'를 해야 하는 성우에게 '탁월한 목소리'가 충분조건은 될지언정 필요조건이라고 할 수는 없습니다. 실제로 입만 열면 모두가 깜짝 놀랄 만큼 멋있고 예쁜 목소리를 가진 성우들도 있어요. 어딜 가나 "성우세요?"라는 말을 듣는 타고난 음색의 제왕들이죠. 하지만 의외로 일상에서 말할 때는 평범해서 눈에 띄지 않는데, 연기만 하면 돌변하는 성우들도 많이 있거든요.

심지어 스스로 '목소리가 썩었다'고 표현하는 현직 성우도 있답니다. 한때 괴물 목소리 전문 성우로 '몬스터즈'라는 팀을 구성해 TV 예능 프로그램 「스타킹」에도 출연한 적이 있는 시영준 성우입니다. 그는 그 누구도 대체할 수 없는 독특한 목소리로 왕성한 활동을 하고 있지요. 역시 중요한 건 타고난 목소리가 아니라 자신만의 색깔이 담겨 있는 개성 있는 목소리를 찾아내는 것입니다.

성우 시영준

1969년 7월 16일생. 투니버스 4기 성우. 애니메이션 「개구리 중사 케로로」의 기로로, 「블리치」의 사도 등의 역할로 다수의 애니메이션에 출연했으며, MBC 예능 「동안클럽」, 「무한도전」 등 다수의 프로그램에서 내레이터로 활동한 바 있습니다.

특이한 목소리? 개성 있는 목소리!!

'목소리가 좋으면 성우를 한다'와 비슷한 맥락으로 '목소리가 특이하면 성우를 한다'는 오해가 있어요. 이 말은 절반만 맞는 것으로 해둘게요. 남들과 차별되는 '특이한 목소리'가 '개성'의 수준이라면 약이 되겠지만, 그것이 지나쳐 일반적인 연기가 불가능한 수준이라면 독이 되니까요.

'특이하다'는 말의 의미를 한번 짚고 넘어가볼까요? 듣기 좋고 나쁘고를 떠나 평범하지 않은 목소리를 말하는 것이겠죠. 듣기 좋은 목소리라면 '특이한 목소리'가 아니라 '좋은 목소리'라고 할 테니까요. '신기한 목소리'라고 표현하면 의미가 통할 것 같네요.

예를 들어 '아기 같은 목소리'를 가진 사람이 있습니다. 음색 자체가 지나치게 가늘어 앵앵거리는 목소리밖에 나지 않아요. 듣기에 따라 귀엽다고 여길 수도 있겠지요. 그런데 일반적인 성인 연기가 불가능하다면 어떨까요?

또 비음이 심한 사람이 있습니다. 정도에 따라 다르겠지만 사실 비음 자체는 크게 문제가 되지 않아요. 다만, 비음이 심해서 상대방에게 발음이 정확히 전달되지 않는다면요?

이런 경우 '성우가 될 수 없다!'고 단언할 수는 없지만, 발성과 발음 부분에서 남들 이상의 노력이 필요할 거예요. 하지만 앞에서 소개한 시영준 성우처럼 아무나 낼 수 없는 특이한 음색을 자신만의 개성으로 승화할 수 있다면 그 음색은 대체 불가능한 장점이 될 것입니다.

성우는 성대모사꾼이 아니야

'천의 목소리'라는 말이 있어요. 성우를 수식하는 말 중 하나인데요. 그만큼 성우 한 사람이 소화할 수 있는 목소리 연기의 스펙트럼이 다양하다는 뜻이에요. 간혹 이 말을 '성우는 여러 가지 목소리를 흉내 내는 성대모사꾼'으로 오해하는 경우가 있습니다. '성대모사를 잘하면 성우를 한다'는 잘못된 인식에서 생겨난 오해죠. 어쩌면 예능 프로그램에 성우가 출연했을 때 짧은 시간에 강한 인상을 주려고 전혀 다른 패턴의 연기를 선보이는 것이 그 이유일지도 모르겠어요.

또 외화나 해외 애니메이션 더빙 작품을 대할 때 캐릭터의 목소리가 원작과 비슷해야 한다고 생각하는 경우도, '성우=목소리를 흉내 내는 사람'이라는 잘못된 인식에서 비롯된 것이라 생각합니다.

그런데 단순히 성대모사를 잘하는 것은 성우가 되는 데 아무런 도움이 되지 않아요. 물론 변성에 능해서 다양한 연기 스펙트럼을 갖는 것은 성우로서의 장점이 분명합니다. 하지만 변성을 잘하고 못하고는 성우 시험의 당락을 결정하는 데 중요한 요소가 아니에요.

하물며 다른 누군가를 모사해서 금세 그럴 듯하게 보이는 것은 큰 의미가 없겠죠?

성우의 연기 스펙트럼은 단순히 변성을 통해서만 넓어지는 것이 아니에요. 음색이 같더라도 어투나 어조에 변화를 주어 다양한 캐릭터를 소화할 수도 있거든요. 강수진 성우를 예로 들어볼까요? 수십 년간 수많은 인기 애니메이션에서 주인공 역할을 맡아 애니메이션 팬들 중에는 모르는 사람이 없을 정도로 유명한 그는 평소 목소리도 연기할 때의 목소리와 그리 다르지 않은 성우 중 한 명입니다.

이런 그가 수년간 다양한 작품에서 활약할 수 있었던 것은 어투나 어조에 변화를 줌으로써 어색하지 않고 캐릭터에 잘 어울리는 목소리 연기를 하기 때문입니다.

성우의 더빙은 해외 작품을 우리나라의 언어와 문화에 맞게 재창조하는 작업입니다. 작품 및 캐릭터 해석 능력, 연기력 등 성우 개

성우 강수진

1965년 10월 19일생. KBS 21기 성우. 「원피스」의 몽키 D. 루피, 「명탐정 코난」의 남도일, 「이누야샤」의 이누야샤, 「소년탐정 김전일」의 김전일, 「란마 1/2」의 란마까지 수많은 인기 애니메이션의 주인공을 도맡아왔습니다. 외화 더빙에서는 레오나르도 디카프리오 전담 성우로 활약했고, 최근에는 BBC 드라마 「셜록」에서 모리아티를 열연해 화제가 된 바 있습니다.

인의 역량에 따라 콘텐츠의 완성도가 좌우될 정도로 전문성을 필요로 하지요. 단순한 흉내 내기로 폄하할 수 없는 작업입니다. 그렇기에 해외 애니메이션 더빙판 중에서 원본을 뛰어넘는 역작이 나오기도 하는 것이고요.

이미 존재하는 누군가와 비슷하게 연기하는 것은 그 사람의 아류 내지 대체품 정도의 가치일 뿐입니다. '모방은 창조의 어머니'라고 하지만 성우의 세계에서 이는 정말 위험한 생각이에요. 섣불리 남을 따라 하다가 나쁜 버릇이 드는 것 또한 경계해야 하고요. 성우가 되고 싶다면 자기만의 색깔을 찾는 데 더 집중하세요.

부모가 성우면 자식도 성우가 될 확률이 높나요?

디즈니는 극장판 애니메이션의 어린이 캐릭터를 녹음할 때 실제 아역 배우나 또래 어린이를 뽑아서 쓰곤 해요. 이때 성우들 자녀 중에 수소문을 하여 먼저 오디션을 치른다고 합니다. 왜냐고요? 두말할 필요 없이 성우 생활을 하는 부모님을 보고 자란 아이들이 다른 아이들보다 목소리 연기를 잘 소화할 거라고 기대하기 때문이죠. 성우 부모님의 직접적인 연기 지도도 바라는 바일 테고요. 그런 점에서 부모가 성우일 때 자식이 성우가 될 확률은 충분히 높아 보입니다. 실제로 고시만큼 어렵다는 성우를 부모, 자식 2대에 걸쳐 하고 있는 성우들도 있고요.

그렇다고 "우리 부모님은 연기와는 전혀 인연이 없는 분들이니 나에게도 재능이 없을 거야…"라며 우울해하지 마세요. 진지하게 성우를 진로로 고민하고 있다면 단지 이런 이유로 그 꿈을 포기하기는 이릅니다. 성우는 선천적인 재능만으로 할 수 있는 직업이 결코 아니니까요.

음색이나 발성, 연기력에 있어 천부적인 재능을 타고 났다면 남들보다 한 발 더 앞서 있는 셈이니 운이 좋은 것은 분명해요. 하지만 성우가 되는 사람이 따로 정해져 있는 것은 아닙니다. 필요한 조건만 갖춘다면 누구나 성우가 될 수 있어요. 그리고 그 조건은 후천적으로 충분히 갈고 닦을 수 있습니다.

성우가 되는 길은 달리기로 치면 단숨에 승부가 결정 나는 단거리가 아니에요. 긴 호흡이 필요한 장거리 레이스입니다. 그러니 노력해보지도 않고 재능이 없다며 레이스를 도중에 멈추지 마세요. 끈기를 가지고 연습을 해나가길 바랍니다. 모든 일의 승산은 타고 난 재능에만 좌우되는 것이 아니라 노력과 주위 환경에 따라 달라지게 마련이니까요.

우리가 성우를 꿈꾸는 이유

아주 어릴 때부터 우리는 장래 희망이 뭐냐는 질문을 수도 없이 받아요. 저 역시 초등학생 때 장래 희망이 뭐냐는 질문을 받으면 무슨 일을 하는지도 잘 모르면서 외교관이라고 대답했던 기억이 나네요.

사실 성우는 장래 희망을 물었을 때 일반적으로 떠올릴 만한 선택지는 아닌 것 같습니다. 일하는 모습이 겉으로 드러나는 직업이 아니다 보니 뭔가 특별한 계기가 있지 않고서야 관심을 갖기 어렵겠죠.

그럼 현재 활동 중인 성우들은 언제, 어떤 특별한 계기가 있었기에 성우라는 꿈을 가지게 됐을까요? 궁금해할 여러분을 위해 제가 예전에 했던 인터뷰에서 성우가 된 계기를 한번 모아봤습니다.

흔하게는 주변에서 "너 목소리 좋은데 성우 해봐라"는 말을 듣고 "어, 정말 해볼까?" 하고 생각지도 못했던 본인의 재능에 눈을 뜨는 경우가 있었고요. 실제로 주변에서 성우를 하고 있는 분이나 성우의 지인이 성우라는 직업을 적극 추천해서 관심을 갖게 되는 경우 등이 있었습니다. 다양한 사람이 모이는 세계인 만큼 그 계기 역시 사람마다 우연찮고 다양한 것 같아요.

CASE 1. 스스로 결정

이계윤 성우는 어릴 적부터 소설 하나를 읽어도 소리 내어 읽었고,

혼자서 하는 역할극 놀이를 즐겼대요. 다양한 등장인물을 연기하면서 즐거워하는 자신의 모습에 성우를 하면 잘할 것 같다는 생각이 들어 성우 공부를 시작했다고 합니다. 어릴 적부터 늘 해오던 놀이의 연장 같아서 성우가 되고 나서도 즐겁게 연기하고 있다는군요.

CASE 2. 주변의 추천으로

정미숙 성우는 고등학생 때 방송반 활동을 하면서 주변 사람들로부터 "목소리가 예쁘니 성우를 해보는 게 어때?" 하는 이야기를 자주 들었다고 해요. 고등학교 웅변대회를 나갔을 때도 우리나라 방송가에서 필요한 목소리를 갖고 있다며 극찬을 받아서 그때부터 방송, 성우 일을 생각했다고 합니다.

CASE 3. 연극판에서 성우로

장광 성우는 대학에서 연극영화과를 전공했어요. 극단에 들어가 주인공을 맡을 정도로 연극무대에서 왕성한 활동을 하던 장광 성우는 연극을 더 잘하기 위해서는 대사 공부가 필요하겠다는 생각에 성우가 되었다고 해요. 처음에는 한 3년 공부하고 나와서 다시 연극을 할 생각이었는데 막상 성우가 되고 보니 3년 갖고는 어림도 없었다고 합니다. 지금은 성우로서도 배우로서도 베테랑이지만요.

CASE 4. 특정 성우를 동경해서

애니메이션을 좋아했던 배진홍 성우는 학창시절 「세일러문」의 주인공이었던 최덕희 성우를 동경해서 성우 지망생이 되었다고 합니다.

CASE 5. 복합적인 이유로

중앙대 연극학과 출신인 엄상현 성우는 연극 뒤풀이에 찾아온 과 선배의 추천으로 성우라는 직업에 처음으로 관심을 가졌습니다. 결

혼을 앞두고 연극배우보다 안정적인 수입이 기대되는 성우를 하자
고 결심했다고 하네요.

　여러분은 어때요? 성우에 관심을 갖게 된 특별한 계기가 있나요?
어쩌면 이 책을 읽은 것이 계기가 되어 성우의 꿈을 가지게 될 친구
들이 있을지도? 지금 함께하는 여러분 중에서 미래의 성우가 탄생
할 거라 생각하니 가슴이 두근두근 벅차오르네요.

변사와 성우, 우린 달라요~

소리가 없던 무성 영화 시절에는 답답해서 어떻게 영화를 봤을까요? 자고로 영화는 효과음도 빵빵 들어가고 배우들의 목소리며 배경음악이 있어야 생동감이 느껴지는 법인데 말이에요. 옛날 무성 영화는 정말 재미없었을 것 같아요. 그런데 이런 생각을 단숨에 뒤집어버린 사람들이 있습니다. 바로 변사인데요. 변사는 극장에서 영화를 상영할 때 먼저 무대에 나와 영화 전체 줄거리를 간략하게 요약해주던 사람입니다. 영화가 상영되면 악사가 연주하는 음악에 맞춰 등장인물의 목소리를 흉내 내거나, 천둥 번개 소리 같은 의성어를 들려주면서 관객들이 영화를 더 생동감 있게 감상할 수 있도록 도왔지요. 한마디로 무성 영화의 해설자라고 할 수 있습니다.

트랜스포머가 무성 영화였다고 생각해보세요. 변사가 나와 "때는 바야흐로 아주 머언~ 미래, 로봇 자동차 옵티머스프라임이 긴 잠에서 깨어나는데~ 아이엠, 옵티머스 프라임~", "적들과 싸우는 옵티머스프라임! 쿠콰쾅콰앙~" 하며 영화를 설명해준다면? 어때요, 생각보다 재미있을 것 같죠?

「청춘의 십자로」 변사 공연

2008년 5월, 한국영상자료원 개관영화제에서 선보인 「청춘의 십자로」 변사 공연의 한 장면입니다. 식민시대 무성 영화를 그 시대 그대로 재현하기 위해 변사를 붙이고 악극단 연주를 곁들여 재상영한 것이지요. 무대 오른쪽에 앉아 있는 변사의 모습이 재미있죠?

(출처: 한국영상자료원)

변사는 한국과 일본의 영화사에서 찾아볼 수 있는 독특한 문화입니다. 물론 무성 영화 시기 영화가 상영될 때 육성으로 해설을 담당했던 내레이터는 세계 모든 지역에서 공통적으로 등장하는 직업이에요. 그러나 서구의 무성 영화에서 내레이터가 초기 영화의 짧은 시기에 한정되어 등장했던 것에 비해 한국과 일본의 변사는 영화가 도입된 직후부터 1930년대 후반까지, 무성 영화 시기 전반에 걸쳐 존재했습니다. 덕분에 두 나라의 독특한 영화 산업 문화를 구축할 수 있었고요.

그런데 여기서 한 가지 오해가 발생했어요. 변사를 성우의 기원으로 착각하는 것입니다. 이 두 직업을 연결 지어 무성 영화 시절 변사가 발전해서 성우가 된 것인 줄로 아는 사람이 많아요. 그런데 성우와 변사는 엄연히 다른 직업입니다. 변사는 관객들 앞에서 즉석으로 대사를 읊는 일을 하지요. 영화가 상영될 때 눈앞의 관객들을 위해 실시간으로 영화를 설명하고 대사와 효과음을 넣는 것입니다. 반면 성우의 일은 더빙 과정을 거쳐야 합니다. 관객들과는 이후 TV나 라디오 등을 통해 만나게 되는 것이지요. 그러니까 유성 영화가 생기는 바람에 성우의 역할이 줄어들었다는 건 잘못된 생각입니다. 단지 변사라는 직업이 쇠퇴한 것이지요.

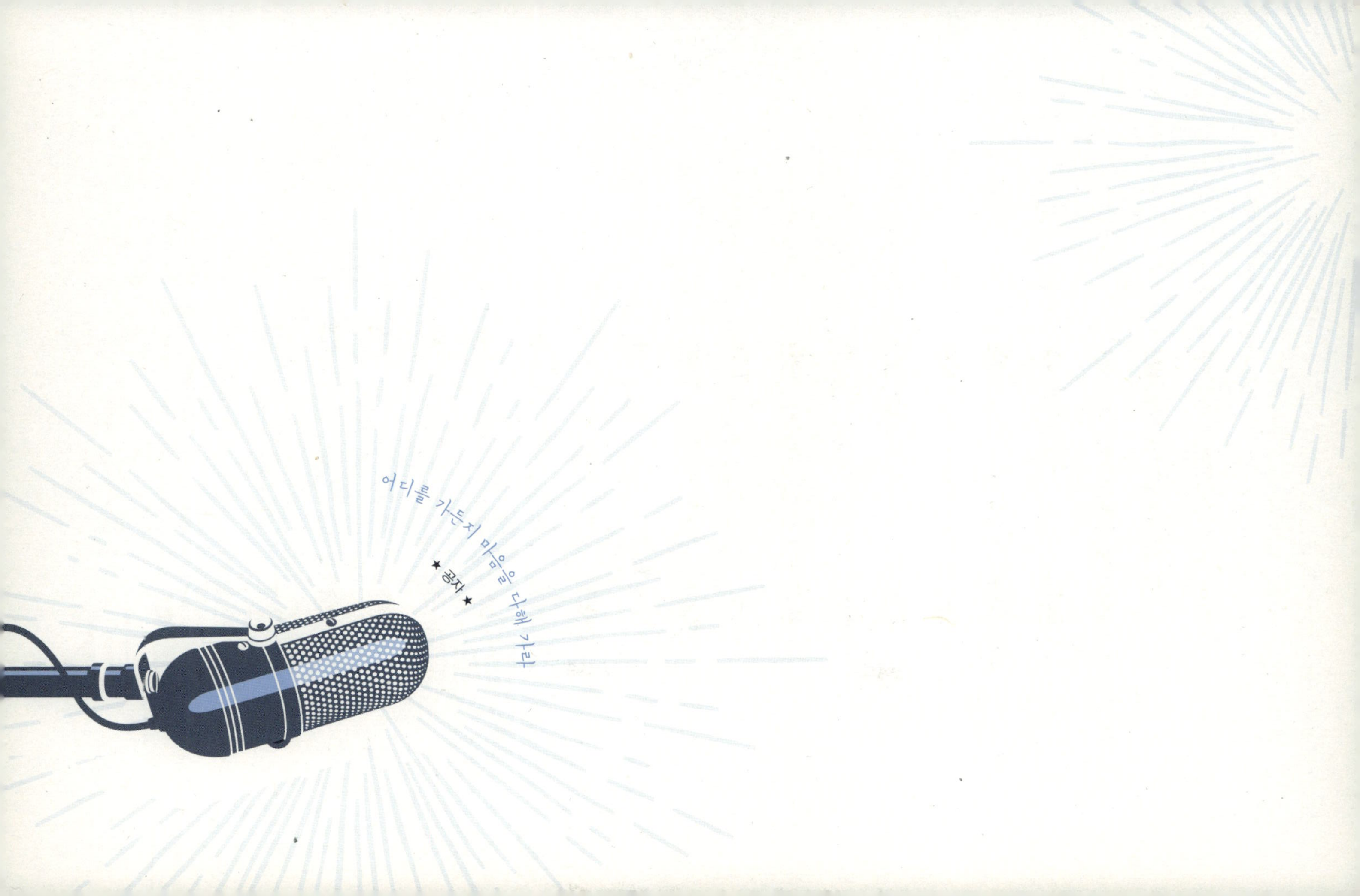

어디를 가든지 마음을 다해 가라
공자

★ 세 번째 목소리 ★
목소리
길들이기

프로성우 자격증?

"성우가 되려면 자격증을 따야 하나요?" 성우에겐 자격증이 따로 없습니다. 사람들이 TV 등의 매체를 통해 만나는 프로성우는 방송국의 공채를 통해 선발돼 소정의 전속기간을 마친 뒤 프리랜서로 활동하는 성우를 말해요.

우리 나라에서 성우가 되려면 방송국 성우 공채(공개 채용) 시험에 합격하고, 정해진 전속기간을 거치는 방법밖에 없어요. '특채(특별 채용)'는 존재하지 않죠.

이웃나라 일본에서는 특정 작품의 오디션이나 이벤트, 경연대회 등을 통해 성우 데뷔를 하는 경우도 있고, 배우나 탤런트, 가수들이 우연한 기회에 (목소리 연기) 녹음 작업을 하다가 아예 성우 쪽으로 눌러 앉아버리는 일도 찾아볼 수 있습니다. 일본과 비교해보면 우리나라의 성우 등용 시스템은 경직되어 있고 폐쇄적이라 할 수 있어요. 단적인 예로 성우 공채 시험을 통해 방송국에 들어가 배우로 전향하거나 병행하는 경우는 있어도, 그 반대는 들어본 적이 없거든요. 이렇게 정해진 과정을 통과한 소수의 사람만이 활동하는 세계에서 자격증이 무슨 의미가 있겠어요?

"그럼 프로성우라는 걸 어떻게 증명해요?" 아, 그거라면 성우협회 가입 여부로 알 수 있습니다. 성우협회에 가입할 수 있는 자격은 방송국 공채 시험을 통과하고 전속기간을 마친 성우들에게만 주어지거든요. 그렇게 정식으로 성우협회의 회원이 되면 매년 제작·배포되는 '성우 수첩'에 사진과 연락처가 실립니다. 캐스팅 연락을 기다려야 하는 성우들 입장에서 성우 수첩은 소홀히 할 수 없는 영업 자료이자 성우 자격증 그 자체라고 할 수 있어요.

2015년 한국성우협회 수첩
프로성우들의 프로필과 연락처, 각 방송국 기수 및 명단 등이 실려 있습니다.

성우협회의 정식 명칭은 사단법인 한국성우협회입니다. 여느 협회가 그러하듯 성우협회의 존재 의의이자 역할은 성우들의 권익을 보호하는 것입니다. 협회원인 성우들이 운영진을 구성하고, 매년 회원들에게서 걷은 회비로 운영을 하지요. 총회나 연수회 같은 정기 모임을 통해 회원들의 친목, 교육, 정보 교류를 도모하는 한편, 성우들의 입장을 정리하고 그것을 대외적으로 대변하는 역할을 하고 있어요.

방송국의 성우 공채 시험을 통과하면 성우협회에 준회원으로 자동 등록이 됩니다. 전속기간을 마치면 성우협회에 정회원으로서 가입할 수 있는 자격을 얻게 되고요. 가입 여부는 자율에 맡겨져 있어 전속기간 동안 '이 길은 내 길이 아니야' 하고 성우 일이 맞지 않는다고 생각되면 가입하지 않아도 됩니다. 물론 계속 성우로서 활동할 것이라면 가입을 해야겠지요.

조직 관계도

한국성우협회는 1964년 정식으로 정부에서 승인하여 사단법인으로 출발했습니다. 한국방송연기자노동조합은 1988년 결성된 조합인데요. 탤런트, 성우, 코미디언, 무술연기자 지부로 구성되어 있어요. 한국성우협회 이사장과 총무이사는 여기서 각각 지부장과 사무국장을 겸임하고 있습니다.

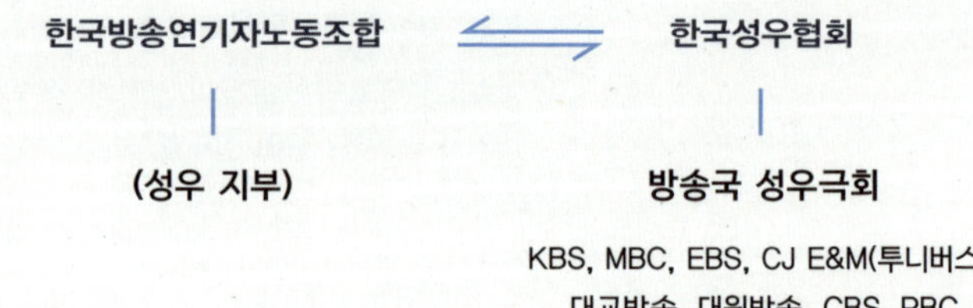

안녕하세요, 성우과 00학번입니다

잘 알려져 있지는 않지만 학점은행제 교육기관인 한국방송예술교육진흥원과 한국예술원(KAC), 서울예술직업전문학교에는 '성우과'가 있습니다. '성우과'라고 이름을 걸고 있는 만큼 성우가 되기 위한, 특화된 커리큘럼[★]을 갖추고 있죠.

"성우과를 나오면 성우가 될 수 있나요?" 아쉽게도 위 교육기관의 성우과를 나온다고 해서 반드시 성우가 될 수 있는 것은 아닙니다. 성우가 되려면 모두 동등하게 방송국 공채 시험을 봐야 하니까요.

국내 일반 4년제 대학교 중 성우과가 있는 학교는 없습니다. 그렇지만 연기를 기본으로 한다는 점에서 관련 학과로 연극영화과를 들 수 있어요. 연극이나 영화에서 배우들이 하는 연기와 성우들의 목소리 연기는 다른 점이 많겠지만 학교에서 배운 연기는 성우로서 연기하는 데에도 도움이 될 것입니다. 실제로 연기 전공 출신 성우들도 많고요.

★ 홈페이지를 통해 어떤 커리큘럼으로 수업을 진행하는지 알아보세요.
- 한국방송예술교육진흥원 http://www.kbatv.org
- 한국예술원 http://www.ikac.kr
- 서울예술직업전문학교 http://www.hansung.or.kr

다만 연극이나 영화에서의 연기와 더빙과 같은 방송 연기는 다른 점이 제법 많다는 것을 간과해서는 안 됩니다. 연극영화과에서는 관객들에게 모습을 보여주는 연기, 뮤지컬 댄스와 같이 몸을 쓰는 연기를 중점적으로 배워요. 얼굴을 드러내지 않고 하는 성우의 목소리 연기와는 아무래도 차이가 있겠죠? 성우를 꿈꾸면서 사람들 앞에서 연기하는 것이 즐겁거나, 연기자라는 진로를 함께 고민하는 친구들은 연기를 중점적으로 배울 수 있는 연극영화과를 선택하는 것이 좋을 것 같아요.

한편, 얼굴을 드러내고 몸을 쓰는 연기가 부담스럽고 더빙 작업이나 캐릭터 연기 등 방송 연기에만 관심이 있다면 방송 전반에 대해 공부할 수 있는 방송연예과를 선택하는 것도 좋습니다. 성우는 방송 프로그램을 기획하고 연출하는 PD, 목소리를 만들어주는 엔지니어, 대본을 써주는 작가 등 다양한 방송계 종사자들과 함께 일을 하거든요. 방송연예과에서는 드라마 기획 연출, 시나리오 작법 등 다양한 방송 일을 배울 수 있는데, 성우 연기에 직접적인 도움은 못 되어도 성우 생활을 하는 데는 도움이 될 수 있어요. 더빙 환경을 비롯해 함께 일하는 PD, 작가의 입장을 이해하는 데에도 도움이 될 수 있고요.

또 학교에 따라 현직 성우가 교수로 강의하는 경우도 많아 더빙 연기를 공부할 수 있는 수업도 있습니다. 요즘은 연예인들도 애니메이션 더빙이나 내레이션을 하는 경우가 많지요. 때문에 연예인 지망생들이 많이 다니는 방송연예과에는 종종 성우 더빙에 대한 수업을 하는 곳도 있더군요.

　마지막으로 국문과도 관련 학과의 범주에 넣을 수 있을 것 같습니다. 연기력 외에도 성우에게 중요한 것이 있어요. 바로 한국어 능력인데요. 방송국 전속성우들이 사전을 끼고 다니는 이유도, KBS 성우 공채에서 한국어능력시험 자격증에 가산점을 주는 이유도 이와 상통합니다. 단어의 장단음을 포함한 발음, 맞춤법, 문장 분석력, 독해력 등은 성우가 대본을 받아 작품과 캐릭터를 분석하고 청자에게 대사의 의미를 정확하게 전달하는 데에 무척이나 도움이 되지요.

　사실 성우가 되는 데 학력이나 학과는 크게 중요하지 않아요. 실제로 현직 성우들의 전공은 너무나 다양하거든요. 심지어 대학교를 나오지 않아도 무방하죠. 성우 공부는 대학교가 아니라 사설 학원에서도 충분히 가능하니까요. 그러니 성우가 되기 위한 학과를 찾기 위해 고민하기보다는 자신의 적성을 충분히 고려해서 뭘 하고 싶은지를 우선 생각해보세요. 만약 성우가 되지 못했을 때의 대안으로서도 전공 선택은 신중하게 생각해보아야 합니다.

성우 전문 양성기관

성우처럼 아직까지 대중적으로 많이 알려져 있지 않고 특수한 직업은 처음 그 세계에 발을 들여놓기가 막막할 수 있습니다. 물론 연기 공부를 하는 방법에는 여러 가지가 있어요. 대학교의 연극영화과에 다닌다거나 연극반, 방송반 등의 동아리 활동을 통해서도 연기 수업은 가능하지요. 다만 같은 연기라도 성우의 연기는 이른바 '심상(心象)의 예술'이라고 하여, 동작 없이 상황을 스스로 상상해서 연기해야 하는 만큼 일반 연기와는 다소 차이가 있습니다. 게다가 '마이크'라는 기계에 대고 하는 연기의 특수성과 화면에 연기를 맞춰서 해야 하는 더빙 기술에 따른 특별한 훈련이 필요합니다. 이렇게 성우만의 특화된 연기를 공부할 수 있는 곳은 사설 학원을 비롯해 현직 성우 개개인이 꾸리는 교습소 등 의외로 많습니다.

우선 가장 쉽게 접근할 수 있는 곳으로 방송국 산하의 방송아카데미가 있어요. 방송아카데미 중 성우반이 있는 곳은 현재 KBS와 MBC 두 군데입니다. 연기 이론과 실습 강의가 함께 진행되는 방송아카데미는 일반적으로 성우를 지망하는 사람들이 가장 많이 거쳐가는 곳이죠. 들어갈 때는 간단한 시험을 통과해야 하고요. 사설 학원에 비해 역사가 오래된 만큼 체계적으로 잘 짜인 커리큘럼을 갖추고 있습니다. 현직 성우는 물론 전·현직 PD들을 강사로 초빙해 지망생들을 교육하지요. 연기자인 성우의 입장과 연출자인 PD의 입장, 양쪽에서 지도를 받을 수 있는 것이 방송아카데미의 가장 큰 장점이라고 할 수 있습니다.

또한 매년 기수별로 학생을 뽑기 때문에 정보를 공유할 수 있는 동기들이 많다는 것 역시 아카데미를 통해 얻을 수 있는 장점이죠. 그러나 이는 반대로 여타 사설 학원에 비해 수업 인원이 많아 상대적으로 집중도가 떨어진다는 단점이 될 수도 있습니다. 그런 이유로 방송아카데미 수료 후 좀 더 수업에 집중할 수 있는 사설 학원이나 성우의 개인 교습을 찾는 지망생도 많아요. 방송아카데미를 선택할지, 사설 학원을 찾아볼지는 각자의 성향에 따라 신중히 생각해보고 결정하면 되겠습니다.

방송아카데미

KBS방송아카데미(http://www.kbsacademy.co.kr)

90기 모집 과정

과정명	구분	기간	강의시간		정원	총 수강료 (만원)	비고
성우	정규	6개월	[오전]화, 금	10:00~13:00	20	195	
성우	정규	6개월	[야간]월, 목	19:00~22:00	20	195	
성우	정규	6개월	[주말]토	14:20~18:00	20	150	
성우 심화	정규	3개월	[오전]수	10:00~13:00	15	75	본원 수료자
성우 심화	정규	3개월	[야간]화	19:00~22:00	15	75	본원 수료자

커리큘럼

교육내용
성우의 역할과 책임/연기자의 자세와 조건
발성과 호흡
연기지도 및 실습
연기지도 및 실습
내레이션
연기지도 및 실습
애니메이션
외화 더빙
연기지도 및 실습
연기지도 및 실습
연기지도 및 실습
연기지도 및 실습
총 평가 및 수료

90기 모집 과정 기준 (출처: KBS방송아카데미 홈페이지)

MBC아카데미(http://www.mbcac.com)

52기 모집요강

학부	과정명	교육부문		수강료 (만원)	지원자격	전형방법
방송 학부	성우	기초	프로그램 진행실습, 기획 · 취재 인터뷰를 통한 라디오 · TV프로그램 리포팅 실습 영화, 애니메이션, 라디오 드라마, CM, 내레이션, Spot연기	180	_	면접+실기
		심화		90	성우과정 기초 이수자	

커리큘럼

구분	과목명	주요내용
전문이론	기초	성우 입문
		방송의 이해
		성우출연 프로그램 제작 시스템
		성우와 음향, 음향 효과
실습교육	공통	방송과 표준어
		발성과 호흡
		기초연기 실습
	라디오 드라마	라디오 드라마 제작 시스템
		라디오 드라마 실습
	외화더빙	외화더빙 프로그램 제작 시스템
		외화더빙 실습
	애니메이션	애니메이션 실습
	내레이션	내레이션 실습 – 오락
		내레이션 실습 – 교양, 다큐
	광고	CM, SPOT, CF 실습
실습보완	지원	선배와의 대화
		라디오 드라마 제작 현장 견학
		외화더빙 제작 현장 견학
		특강

52기 모집 과정 기준 (출처: MBC아카데미 홈페이지)

성우 전문 양성기관에서는 어떤 것을 배울까?

학원에서는 나름의 커리큘럼을 가지고 학생들을 모집하고 있습니다. 대체로 초급반과 심화반으로 나눠져 있는데요. 초급반에서는 발성과 발음 등 성우 연기를 위한 기초를 다지며 연기 이론과 실기 수업을 병행합니다. 학원에 따라 초급반 과정의 기간은 조금씩 차이가 있어요. 성실하게 초급반 과정을 마치고 심화반으로 올라가면 내레이션, 더빙 등 좀 더 구체적이고 심화된 연기 수업을 받게 됩니다. 학원에 따라 녹음실의 실제 마이크 앞에서 녹음 훈련을 하기도 하죠. 이렇게 실전에 가까운 목소리 연기 훈련을 반복하면서 실력을 키우고 선생님과 지망생 동기들을 통해 혼자 공부했을 때는 자각하기 힘든 본인의 강점과 단점을 알아갈 수 있습니다.

방송아카데미와 학원에서 배우는 것은 연기만이 다가 아닙니다. 베테랑 선생님들의 연기 수업을 듣고 노하우를 전수받는 것도 중요하지만, 같은 목표를 가진 지망생들과 서로 자극을 주고 받으며 선의의 경쟁을 하는 것 또한 중요하지요. 자신의 연기를 다른 사람에게 평가받고, 다른 사람의 연기를 듣고 평가를 해보는 것 역시 실력 향상에 도움이 됩니다. 그렇기 때문에 학원의 면학 분위기나 함께 배우는 학생들의 수준에 차이가 있으면 학업 성취도에 영향이 있을 수밖에 없겠죠. 학원을 선택할 때는 자신의 실력과 학원의 분위기를 미리 따져보고 신중하게 고민해보시기 바랍니다.

학원 선택은 정보 수집이 관건

성우 공부를 시작하고 나서 보면, 성우가 되는 데 초점을 맞춘 커리큘럼으로 연기를 가르치는 곳이 의외로 많아요. 앞서 소개한 방송 아카데미, 사설 학원을 비롯해 스터디 개념의 현직 성우 단체 과외까지, 찾아보면 생각보다 성우라는 직업에 접근하기 쉽다는 생각이 들기도 하고요. 갑자기 눈앞에 펼쳐진 많은 선택지 중 무엇을 선택해야 할지 고민이 될 수도 있습니다.

보통 학원을 선택할 때 가장 중점을 두는 것 중 하나는 '출신 합격생의 수'일 텐데요. 물론 성우를 얼마나 많이 배출했는지가 중요한 판단의 기준이 될 수는 있겠지만, 합격생 수가 많은 것에 현혹될 필요는 없을 것 같습니다. 사실 성우 지망생들 중 많은 수가 장기간 공채 시험을 준비하다보니 학원을 옮겨 다니면서 공부하는 경우가 많거든요. 여러 학원을 거치다보니 한 명의 학생이 성우가 됐을 때 그 학생이 거쳐 간 학원들 모두 '우리 학원 출신'이라고 말하는 것이죠. 게다가 비싼 돈을 내고 성우 학원을 섭렵하는 것이 성우가 되는 길을 보장해주지는 않습니다.

중요한 것은 자신과 맞는 학원을 찾는 것이죠. 어느 학원이 나와 맞는 곳인지 따져봐야 합니다. 다녀보지도 않고 어떻게 아냐고요? 시작부터 너무 막막하다고요? 인터넷으로 지망생 커뮤니티 등을 통해 정보를 수집해보면 됩니다. 지금 학원을 다니고 있거나, 다녔던 지망생들이 올린 정보를 통해 수업 시간이나 방식, 커리큘럼, 학원의 분위기나 설비, 선생님의 지도 스타일이나 성향 등이 나와 맞을지를 가늠해볼 수 있습니다.

사설 학원은 대부분 월 단위 수강이 가능해 방송아카데미보다 부담이 덜하고, 학원에 따라서는 무료 청강 제도를 운영하는 곳도 있습니다. 정보는 많을수록 도움이 되니 최대한 많이 찾아보고 활용할 수 있는 것들을 놓치지 마세요. 그렇게 학원을 선택하고 나면 이제 학원에서 배운 내용을 복습하고 '내 것'으로 만드는 과정이 가장 중요하겠지요.

성우가 되기까지 투자하게 되는 시간은 개인에 따라 차이가 있게 마련입니다. 같은 것을 배워도 깨닫고 내 것으로 만드는 데 걸리는 시간은 제각각이니까요. 성우 공부는 단기간에 승부를 볼 수 있는 것이 아닙니다. 그러니 성우가 되기 위해 공부하기로 결심했다면, 조급하게 생각 말고 꾸준하고 성실하게 노력하는 자세가 필요합니다.

똑똑, 동호회의 문을 두드려라

성우라는 직업에 관심은 있지만 나에게 재능이 있는 건지, 적성에는 맞는지 아직 확신이 서지 않아 공부를 시작하기가 망설여진다면 우선 동호회에서 취미 수준으로 맛을 보는 것도 괜찮은 방법입니다.

저는 대학시절 PC통신의 성우 동호회에서 일명 '녹음 놀이'를 하면서 친구들도 사귀고, 회원들에게는 아이돌이나 다름없던 유명 성우들이 대거 등장하는 녹음 현장으로 견학을 가기도 했습니다. 성우를 초빙해 연기 지도를 받고, 녹음실을 빌려 드라마 CD를 만드는 등 혼자서는 엄두도 못 낼 일을 동호회 활동을 통해 경험했어요. 지금도 당시 받았던 성우들의 사인과 자체 녹음 제작한 CD를 보관하고 있을 만큼 소중하고 즐거운 추억이랍니다.

동호회에 가입할 때만 해도 저는 성우를 좋아하는 일개 팬에 지나지 않았습니다. 성우라는 직업에 대한 막연한 동경을 가진 멋모르는 대학생이었지요. 딱히 '난 성우가 되겠어!'라는 뚜렷한 목표 의식은 없었거든요. 기껏해야 '성우가 될 수 있으면 참 좋겠다' 정도의 마음뿐이었지요. 하지만 동호회 활동을 하면서 성우라는 직업에 대해 조금씩 알아가고 그 매력에 푹 빠져 급기야 부모님 몰래 성우 학원을 알아보기에 이르렀어요. 그렇게 성우 학원을 다니다가 결국에는 성우 일이 적성에 맞지 않는다고 느끼고 성우의 꿈을 정리한 케이스지만요. 하지만 당시 동호회 회원 중에는 실제로 성우가 되어 현재 왕성한 활동을 하고 있는 사람들도 있답니다. 그리고 꼭 성우가 되지 않더라도 드라마 CD 녹음 연출을 하는 친구도 있고, 콘텐츠 진흥원, 게임 개발사, 콘텐츠 유통사 등 콘텐츠 업계 언저리에서 각자 활동하며 지내는 회원들이 제법 있습니다. 관심 분야가 비슷한 사람들끼리 모이다 보니 십 수 년이 지난 지금까지도 관련된 분야의 일을 하며 서로 연락하고 지내는 것이지요.

누구에게나 시작은 어렵습니다. 그러니 용기를 갖고 동호회의 문을 두드려보세요. 동호회 활동을 통해 성우를 꿈꾸는 비슷한 처지의 사람들과 고민을 나눌 수 있고, 성우 세계에 대한 정보를 얻을 수도 있으니까요. 실제 마이크 앞에서 녹음을 하면서 경험도 쌓을 수 있습니다. 다른 사람들 사이에서 자신을 객관적으로 돌아보는 계기가 될 수도 있고요. 동호회는 단순히 성우가 되기 위해 실력 향상만을 목적으로 하는 곳이 아니니까요.

독학은 위험해

근래에 사설 성우 학원이 많이 생겨나면서 지망생들의 수준이 상향 평준화되었다는 이야기를 많이 합니다. 이에 따라 방송국의 전속성우 선발 기준에도 약간의 변화가 생겼다고 해요. 예전에는 공채 시험을 통해 그 사람의 잠재력 내지 장래성을 보고 선발한 다음 전속 기간 동안 연기의 기본기를 탄탄히 다져가는 경우가 많았어요. 반면 요즘은 이미 어느 정도 기본기가 갖춰진 사람을 뽑는다고 합니다. 다시 말해 성우 공채 시험에 합격하기 위해서는 소질이나 자질뿐만 아니라 학습을 통해 어느 수준 이상의 연기력을 갖추고 있어야 한다는 말이죠. 그러다 보니 과거와는 달리 최근 방송국 성우 공채에 합격하는 사람들은 거의 다 학원 출신이라 해도 과언이 아닙니다.

하지만 학원비가 만만치 않아서, 혹은 또 다른 이유로 독학을 선택하는 친구들도 있을 테지요. 물론 독학은 가능합니다. 실제로 학원 한 번 안 다니고 독학과 지망생 스터디 모임만으로 성우가 된 경우도 있거든요.

독학에 대한 배진홍 성우의 이야기를 들어볼까요? 배진홍 성우는 애니메이션을 즐겨 보면서 직접 대본을 만들고, 화면 속 성우의 연기를 혼자 수없이 따라 했다고 해요. 그것을 녹음해 듣기를 반복했고요. 이때 연기력이 폭발적으로 늘었다고 하죠. 다만 이런 배진홍 성우도 독학의 위험성에 대해 언급합니다. 혼자서 연습을 하다 보면 자신도 모르게 잘못된 습관에 길들여질 수 있다는 거예요. 흔히들 '쪼'가 생긴다고 말하는데요. 이런 나쁜 습관은 혼자서 연습하고 모니터한다고 해서 자각하기 쉽지 않을뿐더러 한 번 습관이 들면 교정하기가 여간 어렵지 않다고 합니다. 그렇기 때문에 학원을 다닐 때 혼자 연습을 병행하거나, 학원을 다니지 않더라도 이상한 버릇이 들지는 않는지 최소한 객관적으로 봐줄 수 있는 사람이 있을 때 독학을 하라고 당부합니다.

그렇다고 초보 수준의 사람들끼리 모여 스터디를 하는 것 역시 그리 추천할 만한 일은 아닙니다. 물론 성우 지망생 동호회 활동이나 스터디를 하는 것은 금전적으로 부담도 없고 성우 공부는 물론 지망생들 간의 정보 교류 차원에서도 도움이 됩니다. 실제로 많은 지망생들이 동호회 활동이나 스터디를 하고 있고요.

하지만 서로의 연기를 제대로 듣고, 지적할 능력이 없는 연기 초보들의 모임은 혼자 공부하는 것과 크게 다르지 않아요. 흔히 '아는 만큼 보인다'고 연기 공부를 하다 보면 자신이나 타인의 연기를 판단할 수 있는 귀가 생기기 시작한다고들 해요. 그런 귀를 갖지 못한 초보라면 연기의 잘못된 점을 지적해줄 수 있는 귀를 가진 사람에게 지도받을 것을 추천합니다.

결국 독학을 하든 학원을 다니든 '성우가 될 사람은 어떻게든 된다'고 하지만 지나치게 오랜 기간 독학하는 것은 위험하다는 게 현직 성우들의 중론입니다.

성우 할라꼬 하는데, 사투리를 쓴다카이~

"지방에 살아서 사투리를 쓰는데요. 성우가 될 수 있나요?" 물론 될 수 있어요. 사투리를 교정한다면 말이죠! 너무나 당연한 이야기지만, 지방 출신 성우들은 있어도 사투리를 쓰는 성우는 없습니다. 성우는 정확한 발음의 표준어를 구사해야 하니까요. 아… 지방에 살고 있는 친구들의 탄식이 들리네요. 걱정 말아요. 사투리는 자신의 노력 여하에 따라 얼마든지 교정이 가능하기 때문에 성우가 될 수 없는 치명적인 이유는 아닙니다. 실제로 사투리를 교정하고 성우가 된 사례도 그리 어렵지 않게 찾아볼 수 있고요.

요즘에는 면접 대비용으로 사투리 교정을 도와주는 각종 스피치 학원이 있습니다만, 학원을 다니지 않고 사투리를 극복한 성우들의 공통적인 이야기는 표준어 방송을 많이 들으라는 것입니다. 표준어에 익숙해지라는 말이죠. 사투리를 접하는 환경, 예를 들어 사투리를 쓰는 가족이나 친구들을 가능한 멀리하고 표준어를 구사하는 아나운서나 성우의 말을 최대한 많이 듣는 것이 좋습니다. 사투리를 쓰는 사람은 본인이 사투리를 쓰는 것을 자각하지 못하는 경우가 많거든요. 내 생각에는 올바른 표준어를 구사하고 있는 것 같은데 남들이 듣기에는 어색한 표준어일 수도 있다는 뜻입니다. 정확한 표준어를 구사하기 위해서는 귀가 익숙해지도록 표준어를 많이 듣는 것이 가장 중요합니다. 그다음은 자신의 말을 녹음해서 모니터링 하는 것이고요. 말할 때는 본인이 사투리를 쓰는지 잘 몰라도 말한 것을 녹음해 들어보면 객관적인 모니터링이 가능합니다. 자신의 입에서 나온 말이 자신의 귀가 알고 있는 표준어로 들릴 때까지 부단히 노력하세요.

한국성우협회장 이근욱

성우협회는 어떤 일을 하는 곳인가요?

작년에 50주년을 맞은 성우협회는 국내에서 활동하는 성우들의 노조(노동조합) 역할을 하고 있습니다. 성우협회원(=성우)들의 권익과 복지를 위해서 존재하지요. 협회원들의 활동을 지원하는 한편, 언론사 대응을 통한 홍보 활동, 집단행동이 필요할 때 협회원의 의견 대변, 그리고 정기적으로 주최하는 세미나와 성우의 날 행사, 협회보 제작과 같은 다양한 활동을 통해 협회원 간 친목 도모 및 정보 교환 등의 역할을 담당하고 있습니다. 일례로 올해 초 KBS명화극장 폐지 건으로 KBS 사장을 만나 협회와 KBS 성우극회의 입장을 어필했지요. 국회에서 '자막 방송 이대로 좋은가'에 대한 토론회를 열기도 했습니다. 그 밖에 방송소외계층인 시각장애인이나 노인, 무학자(無學者 배우지 못한 사람) 등을 위해 지상파와 종편TV까지는 의무적으로 더빙을 해야 한다는 내용의 법안이 국회에 상정되도록 노력했고요. 이와 관련해서 올해로 3년째 해외우수작 우리말 제작 지원 사업 예산을 신청하고, 이 정부지원금으로 케이블 방송국에 우리말 제작을 지원하고 있습니다. 최근에는 실연자협회와 공동제작으로 『라디오 드

성우협회보

성우협회의 행사와 소식을 전합니다. 새로운 전속성우들을 소개하고 성우 업계의 이슈를 주제로 논설을 싣기도 합니다.

라마사(史)』 출간 작업을 진행하고 있습니다. 2015년 상반기 출판될 예정으로, 한국 라디오 드라마와 성우들의 기록을 남기고자 합니다.

국내에서 활동하는 성우는 모두 성우협회에 의무적으로 가입하게 되나요?

방송국 공채를 통해 전속성우가 되면 자동적으로 성우협회의 준회원이 됩니다. 준회원으로서 성우 수첩에도 이름이 올라가죠. 2년의 전속성우 생활을 마치고 성우협회에 정식으로 등록을 하면 정회원이 됩니다. 성우협회원이 아니면 연예인 노조에도 가입할 수 없죠. 협회에 등록되지 않은 성우는 비성우가 됩니다. 본인의 뜻이 아니라도 성우협회에서 제명 당하는 일은 아주 드물게 있습니다. 정회원이 불미스러운 일을 일으키면 협회에서 징계위원회(윤리위원회)를 구성해서 심사를 하는데, 이런 과정을 통해서 제명된 사람도 더러 있습니다.

협회원이 언더성우와 일하면 제명된다는 이야기를 들었는데 사실인가요?

탤런트와 달리 성우는 공채가 아닌 사람이 없습니다. 하지만 공채를 통해 성우가 되는 수는 성우 지망생의 극히 일부일 뿐이죠. 지난 KBS 40기 공채에도 12명을 뽑는데 3천여 명이 왔다고 하니까요. 그러다 보니 성우의 틀 안에 들어오지 못한 채 활동하는 비성우(=언더성우)가 많이 생겼습니다. 그들이 성우 지망생이라 하더라도 헐값을 받고 활동하니까 결과적으로 시장을 어지럽히고 협회원들에 피해를 주게 되는 거죠. 그렇기 때문에 협회원은 언더성우와 같이 일을 하면 스스로 보호 받지 못할뿐더러 질이 보장되지 않은 작품에 함께하는 꼴이 되니까 성우협회는 용납할 수 없다는 입장입니다. 문제는 녹음 기술이 좋아지다 보니 한 명씩 불려가 혼자 녹음하고 나서 비성우와 같이 편집을 해버리면 공동 작업을 해도 모를 수가 있다는 점입니다. 그런 현실적인 문제가 있기 때문에 언더성우와 같이 일했다고 해도 실제로 제명된 성우는 없는 것으로 알고 있습니다. 사실 성우들이 비성우와 함께 일하느냐 아니냐의 여부보다 더 중요한 건 국내의 수백 개에 이르는 녹음실들에 '뭐하러 비싸게 성우를 쓰느냐' 하는 인식이 팽배해 있다는 점이죠.

언더성우 건 외에도 협회 권고사항이 있나요?

BL(Boy's Love)이라는 장르의 오디오 드라마 제작에 성우들이 참여하고 있는데, 이 장르에 대해서도 한 차례 권고가 있었습니다. 일본에서 유행해서 국내에까지 들어왔다는데 사람에 따라 다소 거북할수도 있는 내용이라…. 한편으로 문화의 한 흐름일 수도 있겠다는 생각에 규제하지는 않지만 스스로 생각해보고 참여를 결정하라고 권고하고 있습니다. 그 밖에 협회의 룰에서 벗어나지 않는 활동은 아무 문제없습니다.

성우도 장차 모델이나 배우처럼 특채의 기회나 에이전시가 활성화될 가능성이 있을까요?

그건 좀 어렵다고 봅니다. 기존의 성우들이 특채 성우들과 함께 일하려고 하지 않을 것이 분명하기 때문이죠. 성우들은 우리말을 가장 정확하게 표현할 수 있는 전문직으로서의 자부심이 상당합니다. 성우가 하는 일은 워낙에 오랜 훈련과 경험을 통해서 비로소 얻을 수 있는 전문 영역에 해당한다고 생각하니까요. 애초에 몇 백 대 일의 경쟁률을 뚫고 성우가 된 사람들인데, 에이전시에서 뽑은 성우를 누가 인정하겠어요. 하지만 성우 일이 많이 줄어든 것도 사실이고, 앞

으로의 예측은 두 가지 정도로 볼 수 있을 것 같습니다. 지금과 같이 위축된 상태로 계속 가거나, 성우도 시대 흐름에 맞춰 변화하거나. 문화는 시대에 따라 변하고 흘러가는 거잖아요. 스트레스가 많은 요즘 사회를 사는 사람들이 원하는 내레이션 스타일이 과거와 다를 것은 명백하죠. 훗날 시대가 바뀌면 지금과는 또 다른 스타일이 요구될 것이고요. 성우들에게는 그럴 때를 대비해 시대 흐름에 맞춰 조금씩 변화하려는 노력이 필요하다고 봅니다. 그리고 방송국 공채가 없어질 가능성은 희박해 보이지만, 만에 하나 방송국에서 성우를 뽑지 않게 되는 날이 온다면 어느 단체가 됐든 성우를 뽑긴 뽑아야 할 테니 성우협회에서 뽑을 수도 있겠죠.

성우의 보수는 어떻게 결정되나요?

방송국의 성우 보수는 체계적으로 정해져 있습니다. 기본적으로 성우 노조와 방송국이 성우의 급수에 따른 보수와 인상분을 정합니다. 금액은 방송국마다 거의 동일한데, 케이블과 종편 채널은 상대적으로 자금이 많지 않아서 지상파 기준에서 20%를 내려서 책정하고 있습니다.

성우 지망생에게 조언을 부탁드립니다.

요새 중고등학교에 가서 직업 교육으로 성우라는 직업에 대해 알려주는 강의를 하곤 합니다. 성우를 꿈꾸는 학생들에게 가장 해주고 싶은 말은 자신을 모르고 덤비면 안 된다는 것입니다. 요즘은 평균 5~7년씩 성우 시험에 인생을 투자하는 분들이 상당히 많은 것 같습니다. 실력이 있어도 운이 나빠 떨어질 수는 있습니다. 하지만 적당한 선에서 포기하는 것도 필요하지 않을까요? 될 때까지 도전하겠다는 정신은 높이 사고 싶지만, 무작정 성우 시험에만 매달리지 말라고 조언해주고 싶습니다. 한 가지 일에 7~8년씩 매달릴 수 있는 열정을 갖고 있다면 어디 가서 무얼 해도 성공할 수 있을 테니까요.

한국성우협회장 이근욱

1946년 5월 20일생. 1970년 동아방송 입사, 언론통폐합으로 현재 KBS 12기 성우. 연극은 물론 방송, 외화 더빙(간디, 벤허, 해리포터 등), 영화 출연 등 다방면에서 활동하고 있는 성우입니다.

2002년~2004년 (사)한국성우협회 이사장, 2011년 (사)한국성우협회 이사장과 한국방송연기자노동조합 성우지부 지부장을 역임하였습니다. 현재 사단법인한국성우협회 이사장으로23대, 24대를 연임하면서 750여명의 성우들과 더불어 협회를 이끌어가는 중입니다.

한때는 불가능하다고 생각한 것이
결국에는 가능한 것이 된다
★ K. 오브라이언 ★

★ 네 번째 목소리 ★
전속성우,
프로성우,
언더성우

방송국 공채 시험 응시 자격

연기 공부를 하며 기본기를 탄탄히 다졌다면, 이제 방송국 공채시험에 도전해볼 차례! 우리나라는 방송국 공채 시험에 합격을 해야만 성우가 될 수 있다고 했지요. 하도 들어서 귀에 딱지가 앉았다고요? 하하하. 그럼 방송국 공채 시험은 언제 치러질까요? 매년 일정하게 열리기도 하지만, 요즘에는 각 방송국의 사정에 따라 2~3년에 한 번, 혹은 몇 년에 한 번 있기도 합니다. 그러니 시험을 놓치지 않도록 언제나 공채 정보에 귀를 기울여야겠죠.

방송국의 성우 공채 시험이 방송국 홈페이지 게시판 같은 곳을 통해 공지가 되면 성우 지망생들은 원서를 접수하고 서류 전형을 거쳐 실기 시험을 보게 됩니다. 세세한 시험 절차나 자격 요건은 방송국 내부 사정에 맞춰 조정되기 때문에 방송국 별로 약간 차이가 있어요. 따라서 성우 지망생들은 매년 발표되었던 모집 공고를 확인해 유동적으로 지원 준비를 해야 하지요.

가장 최근에 공채가 진행됐던 KBS 전속성우 모집 공고를 보면서 얘기해볼까요? KBS는 홈페이지(http://www.kbs.co.kr)의 공지란과 KBS 라디오 방송 공지 등을 통해 전속성우 모집을 알립니다.

KBS 전속성우 모집 공모

공 모 요 강

– KBS 제40기 전속성우 –

1. 모집인원 및 응모자격

모집분야	남녀 구분	모집인원	응모자격
KBS 전속 성우	남	O명	☞ 연령 : 제한없음 ☞ 학력 : 제한없음 　　단, 재학중인 자는 2015년 2월 졸업예정자에 한함 ☞ 병역 : 병역필(2014년 12월 31일 이내 전역예정자 포함) 　　또는 면제자 ☞ 국적 : 제한없음
	여	O명	☞ 연령 : 제한없음 ☞ 학력 : 제한없음 　　단, 재학중인 자는 2015년 2월 졸업예정자에 한함 ☞ 국적 : 제한없음

2. 모집 절차

▣ 1차 시험 : 음성 실기테스트

※ KBS 한국어진흥원에서 발급하는 <한국어능력시험> 자격증 제출자는 가산점 부여

▣ 2차 시험 : 음성 실기테스트 및 면접

3. 시험 일정

▣ 원서교부 및 접수

○ 기 간 : 2014.11.10(월) ~ 11.12(수) 10:00 ~ 17:00

○ 장 소 : KBS 신관 2층 라디오공개홀 앞 로비

○ 접수시 제출서류

- '응시원서'(공사 소정양식) 원본 1부
- '한국어능력시험' 자격증 사본 1부(KBS한국어진흥원 발급, 자격소지자에 한함)

  * 응시원서는 접수처에서 현장 배부
  * 사진 2장(반명함판), 도장, 신분증 지참

▣ 1차 시험

○ 일 시 : 2014.11.29(토)

* 수험번호별 집합시간은 원서접수시 배부하는 [1차시험 안내문] 참조

○ 집합장소 : KBS 본관 2층 서현관 (멜로디광장)

○ 시험장소 : KBS 본관 5층 R스튜디오

○ 준 비 물 : 수험표, 신분증 (주민등록증, 여권, 운전면허증에 한함)

○ 합격자 발표 : 2014.12.03(수) 12:00
본관 정현관 및 KBS 홈페이지(www.kbs.co.kr) 게시

▣ 2차 시험

○ 일 시 : 2014.12.06(토)

* 수험번호별 집합시간은 1차 합격자 발표시 게시하는 [2차시험 안내문] 참조

○ 집합장소 : KBS 본관 2층 서현관 (멜로디광장)

○ 시험장소 : KBS 본관 5층 R스튜디오

○ 준 비 물 : 수험표, 신분증(주민등록증, 여권, 운전면허증), 전역예정증명서 1부, 졸업증명서 또는 재학증명서 1부,

○ 합격자 발표 : 2014.12.10(수) 12:00
본관 정현관 및 KBS 홈페이지(www.kbs.co.kr) 게시

○ 신체검사 및 신원조회 결과에 따라 최종 합격 여부 결정

4. 합격자 처우
▣ 최종 합격자는 2015.1.1.자로 전속 계약하며, 2년간 KBS 전속성우로 활동함.

5. 공모관리
▣ 응시원서에 허위 사실 기재 또는 허위 증빙서류 제출시 합격 및 계약을 취소함.
▣ 1개월 간 수습기간을 거치며 수습기간 중 자질이 부족하다고 판정되거나계속 근무
  가 어렵다고 판단되는 경우 계약을 취소함.
▣ 최종 선발 또는 수습기간 중 결원 발생시 2차 시험 성적 차순위자를 채용할 수 있음.

6. 기타 사항
▣ 시험관리상 제출서류는 반환하지 않음.
▣ 문의처 : KBS 라디오운영부 【☎ 02)781-3952】

(출처: KBS 홈페이지)

공무원 시험처럼 성우 공채 시험도 예전에는 나이 제한이 있었지만 현재는 따로 나이 제한이 없습니다. 다만 대한민국은 중고등학교까지 의무 교육이므로 자연히 만 19세 이상의 성인이 되어야 응시가 가능하겠죠? 실제로 KBS 성우 공채 시험에서 40대의 적지 않은 나이에 전속성우가 된 사례도 있답니다.

성우 시험 응시 자격에는 학력 제한도 따로 없습니다. 고졸(검정고시 포함)이어도, 대졸이어도, 박사학위를 땄어도 아무런 상관이 없지요. 다만 대학교를 다니고 있다면 졸업자이거나 졸업예정자여야 합니다. 학교를 다니면서 매일 방송국 성우실로 출퇴근해야 하는 전속성우 일을 할 수는 없으니까요.

대학교 재학생 신분이면서 지원서에는 고졸로 적어 지원이 가능하기는 합니다. 하지만 원칙적으로 합격을 한다 해도 자퇴를 하지 않는 한 불합격 처리가 돼요. 그런데 최근에는 전속기간이 2년으로 짧아져 휴학을 하고 전속 생활을 하는 경우도 있다고 하네요. 군대 역시 전속 생활에 지장이 없도록 군필자거나 면제자여야 합니다. 이러한 자격 요건은 모든 방송국 공통으로 봐도 무방하지요.

방송사마다 시험 방식이나 내용이 다른가요?

방송국에 따라 공채 시험에 응시할 때 제출하는 서류나 시험 방식에는 차이가 있어요. KBS에서는 간단하게 두 차례의 음성 실기 테스트와 면접을 치릅니다. 1차 시험에서는 한 번에 다섯 명씩, 2차 시험 때는 한 명씩 부스에 들어가 시험을 치르지요. 문제 유출을 막기 위해 오전, 오후 문제가 달라지고 부스에 들어가기 약 5분 전에 테스트 지문을 나눠줍니다.

반면 애니메이션 전문 케이블 채널인 대원방송의 가장 최근 시험을 살펴보면요. 연기 샘플 파일 심사와 두 차례의 음성 실기 시험, 마지막 최종 면접까지 총 네 차례에 걸쳐 시험이 진행되었습니다. 그리고 원서 접수 당시 연기 샘플 파일 외에 자기 소개서와 이력서를 요구하기도 했죠.

예전에는 방송국의 필요에 따라 '얼굴 없는' 연기자인 성우 시험임에도 불구하고 카메라 테스트를 보는 경우도 있었답니다. 이런 응시 조건은 같은 방송국이라도 공지될 때마다 달라질 수 있습니다. 분명한 건 성우 시험은 이론적 지식을 묻는 필기시험 없이 무조건 목소리 연기 실력으로 승부를 가린다는 것입니다. 어느 방송국을 막론하고 실기 시험을 위주로 성우를 선발하지요.

성우 시험에 별도의 가산점 제도는 없냐고요? 유일하게 KBS에서 한국어능력시험 점수가 있으면 급수에 따라 가산점을 준다고 명시하고 있는데요. 실제로 이 자격증을 공부하는 지망생은 거의 없다고 해요. 2015년도 KBS 전속 장희문 성우의 말에 따르면 한국어능력시험 점수에 가산점 혜택이 주어지는 것은 1차 시험 때뿐이라고 해요. 게다가 최고 급수 자격증이 있을 경우 받을 수 있는 가산점이 5점인데, 시험 자체가 워낙 어려워서 한국어능력시험을 공부할 시간에 연기 공부를 해서 연기 점수 1점을 높이는 편이 더 효율적이라고 합니다.

프로가 되기 위한 전초전, 전속성우

전속성우는 방송국 공채를 통해 선발되어 정해진 기간 동안 방송 국에 소속되어 활동하는 성우입니다. 한마디로 반드시 방송국 공채 를 거쳐야만 성우가 될 수 있는 우리나라에서 신인 성우는 누구나 빠짐없이 전속성우가 되는 셈이죠.

전속성우는 정해진 기간 동안 안정적인 보수를 받으며 방송국 안 에서 경험을 쌓게 됩니다. 프리랜서성우로서 무사히 궤도에 오르기 위해 실력과 기반을 다지는 기간이라고 할 수 있죠. 과거에는 길면 10년까지 전속생활을 했던 성우들도 있는데, 보통은 3~5년의 전속 기간을 거쳤습니다. 현재는 2년으로 줄어들었고요.

프로성우는 시간 활용이 자유로운 직업입니다. 연예인과 마찬가 지로 정해진 출퇴근 시간이 없고, 녹음 스케줄을 조정하며 활동할 수 있거든요. 그러나 전속성우는 방송국의 일반 계약직에 해당하기 때문에 4대 보험과 월급을 보장받는 대신 정해진 근무 시간에 출퇴 근을 해야 하죠. 방송국 성우실에서 자리를 지키고 있다가 방송국 녹음 스케줄에 맞춰 투입이 되는 식입니다. 이 기간 동안 전속성우 들은 방송국에서 주어지는 역할을 통해 다양한 경험을 쌓고, 선배 성우들과 함께 녹음하는 기회를 얻어 친목을 다지기도 합니다. 결 과물이 방송에 나가면서 외부에 자신을 어필할 수 있는 기회를 얻을 수도 있고요.

물론 방송국에 따라 녹음 작업의 종류와 일반에 노출되는 정도, 만날 수 있는 선배 성우도 달라지겠죠. 단적인 예로, 성우극회의 역사가 제일 오래 되어 극회원이 가장 많은 공영 방송 KBS의 전속성우가 하는 일은 라디오 관련 녹음이 대부분입니다. 반면 비교적 신생에 해당하는 대원방송과 같은 애니메이션 전문 케이블 채널의 전속성우는 당연히 애니메이션 더빙 일이 대부분이겠지요. 이런 차이는 방송국의 성격에 따라 나타나는 부분이고, 방송국 별로 장단점이 있기 때문에 어느 쪽이 자신에게 더 맞을지를 판단하는 것은 개인의 몫이라 하겠습니다. 다만 워낙 공채의 기회가 적기 때문에 방송국을 가려서 시험을 친다는 지망생은 한 번도 만난 적이 없다는게 함정이라는 거~.

분명한 것은 2년 동안의 전속기간을 어떻게 보내느냐에 따라 전속기간이 끝난 후가 결정된다는 점이에요. 성우는 정해진 전속기간 이후에는 싫든 좋든 프리랜서가 되거든요. 전속성우들은 2년 후에는 무슨 일이 있어도 방송국의 울타리를 벗어나 자유 경쟁 구조인 성우 시장에서 스스로 살아남아야 합니다. 그만큼 전속기간이 끝나 프리랜서로 시장에 던져졌을 때 자신만의 개성과 경쟁력을 가진 성우가 될 수 있도록 노력을 게을리하지 않아야겠죠. 연기 경험을 쌓고, 자신의 강점을 찾아 개발하기에 전속기간 2년은 결코 길지 않습

니다. 전속기간은 프리랜서성우로 정착하기 위한 전초전이라는 면
에서 지망생 기간 못지않은 노력이 필요한 시기라고 할 수 있어요.

출신 방송국은 달라도 최종 목적지는 같아요

현재 우리나라에서 공채를 통해 뽑은 성우극회가 있는 방송국은 공
중파와 케이블을 포함해 총 여섯 곳입니다. 공중파 채널 중에는 SBS
를 제외한 3사, KBS, MBC, EBS가 있고요. 케이블 방송국 중에는 CJ
E&M(투니버스)과 대교방송, 대원방송이 있습니다.

방송국에서 성우 공채를 진행하는 이유는 두말할 필요 없이 성우를
쓸 일이 많기 때문이죠. 그런데 방송국 입장에서 전속성우 없이 프로
성우를 고용해서 작업해야 한다면, 작업이 있을 때마다 성우와 스케
줄을 조정해야겠지요. 비용도 마찬가지고요. 간단한 작업이나 급한
작업이 필요할 때 순발력 있게 대응하기 어렵다는 문제도 있겠네요.

한편 전속성우 입장에서는 전속기간에 최대한 많은 경험을 하고
싶을 테니 일거리가 많은 방송국에 들어가고 싶을 겁니다. 문제는
방송국에 따라 성우들의 주요 업무에 차이가 있다는 건데요. 시대
가 변함에 따라 성우의 활동 영역이나 비중도 변해가고 성우를 뽑
는 방송국의 사정도, 지망생들이 선호하는 방송국별 선호도도 계속

해서 변하고 있습니다.

단적인 예로, 외화 더빙 작업이 많았던 MBC는 TV에 방영되는 외화의 감소와 자막을 선호하는 시청자들이 늘어나면서 성우가 소화해야 할 방송국 내부 작업량이 줄었습니다. 이로 인해 2004년 마지막 성우 공채를 끝으로 지금까지 공채를 뽑지 않고 있어요.

과거에는 대부분의 성우 지망생들이 지상파 방송국의 성우가 되기를 바랐습니다. 그 이유야 여러 가지가 있겠지만 당시에는 케이블 방송국의 위상이 지금처럼 높지 않았거든요. 케이블 방송국은 애니메이션 전문 채널의 비중이 높았어요. 또 상대적으로 신생인 케이블 방송국보다 지상파 방송국 쪽이 끌어줄 선배도 많았기 때문이었을 겁니다. 그러다 보니 케이블 방송국 성우로 합격을 했는데도 지상파 방송국 공채에 다시 지원해 방송국을 갈아타는 성우도 간혹 있었지요.

그런데 지금은 꼭 그렇지만도 않아요. 케이블 채널의 위상도 지상파 방송국 못지않게 올라갔고, 극회 인원이 적은 만큼 방송국의 지원을 받을 기회도 더 잘 돌아오거든요. 애니메이션의 인기에 힘입어 전속 시절부터 대중에게 자신을 알릴 기회가 더 많아지기도 했고요. 덕분에 이제는 도리어 애니메이션 성우를 동경해 케이블 방송국의 성우가 되기를 선호하는 지망생들도 많아졌습니다.

하지만 어느 방송국의 성우가 될 것인지는 요즘 지망생들의 입장에서는 선택이라기보다 복불복에 가까울지도 모르겠어요. 방송국에서 매년 성우를 뽑는 것이 아닐뿐더러 늘 정해진 수를 뽑는 것도 아니다 보니, 매해 성우가 될 수 있는 사람의 수는 손에 꼽는 수준이거든요. 그러다 보니 어디든 뽑아주기만 하면 성우로서의 시작점에 발을 들이는 것이고, 방송국이 어디냐에 따라 가는 길은 조금씩 달라질 수 있지만 최종 목적지는 모두 같기에 어떤 성우가 될지는 자신의 선택과 노력 여하에 달려 있다 하겠습니다.

KBS 성우극회

http://www.kbsvoice.net

국내 성우 과반수가 속해 있는 KBS 성우극회는 현재까지도 거의 매년 공채를 통해 십여 명의 성우를 선발하고 있어 그 규모가 나날이 커지고 있습니다. KBS는 지상파 방송국이자 국영 방송국으로 지상파 TV 2개 채널, 국제 위성 TV 1개 채널, 라디오 7개 채널에서 다양한 방송을 송신하고 있습니다. 그만큼 성우들이 작업할 수 있는 콘텐츠 또한 다양하지요. 현재로선 방송 3사 중(MBC, KBS, SBS) 유일하게 성우를 뽑는 곳이기도 하고 극회의 규모도 가장 크기 때문에 많은 성우 지망생들이 KBS 공채를 선호합니다.

　KBS의 전속성우는 라디오국 소속입니다. 라디오 드라마나 캠페인 스팟, 내레이션 등과 같이 라디오 안에서 다양한 장르의 일을 할 수 있어요. 다수의 라디오 연기 경험을 통해 성우 연기의 기본을 탄탄히 다질 수 있다는 것이 장점이지요. 다만 전속기간 2년 동안 TV에 노출되지 않는 만큼 타 방송국의 전속성우들에 비해 인지도가 떨어지는 편입니다.

KBS는 2014년 말 기준, 제40기 성우를 선발할 정도로 선후배층이 대단히 넓습니다. 극회원만 300명이 족히 넘으니 서로 다 알지 못한다 해도 이상할 게 하나 없죠. 신입인 전속성우의 입장에서 이는 이끌어줄 선배들이 많다는 뜻이 됩니다. 그만큼 의지가 되고 배울 점도 많아 큰 장점이 될 수 있지요. 한편으로는 얼굴도 잘 모르는 선배들의 경조사까지 다 챙겨야 한다는 부담감도 있지만요. 특히 KBS는 선후배간 위계질서가 엄한 편인데요. 들리는 바에 따르면 KBS 성우실에서는 선배들 앞에서 풀어진 모습을 보여선 안 된다고 해요. 작업 공간인 녹음실에서는 더 말할 것도 없겠죠?

MBC 성우극회

http://cafe.naver.com/mbcvoiceactor

MBC 문화방송은 KBS만큼이나 성우 공채의 역사가 긴 편입니다. 방송국 개국년도인 1961년에 공채 1기가 있었으니까요. MBC는 지상파 TV 1개 채널, 라디오 3개 채널 등을 보유하고 있는데요. 1980~1990년대 전후로 TV에서는 수많은 외화 시리즈가 인기리에 더빙 방영되었습니다. 당연히 외화 더빙 작업의 양도 많아졌겠지요. 이런 상

황에서 MBC는 외화팀을 꾸리고 성우를 선발했습니다. 같은 지상
파임에도 KBS와는 달리 전속성우들을 TV 외화 더빙에 투입했지요.
하지만 1990년대 IMF와 함께 외화 수입이 줄기 시작하고, 인터넷
의 발달로 대중들이 외화에 접근하기 쉬워지면서 TV에서 방영되는
외화의 시청률이 떨어집니다. 게다가 자막을 선호하는 대중들이 늘
어나면서 성우들이 맹활약하던 외화는 TV에서 점차 자취를 감추게
되지요. 그 결과 MBC의 외화팀은 조직 개편과 함께 해체되고, 외화
팀에 소속되어 있던 성우도 2004년 공채를 마지막으로 더 이상 뽑
고 있지 않아요. 하지만 극회원이 150여 명에 이르는 MBC 성우극
회는 매년 송년회도 열고 성우협회 행사에도 참여하며 꾸준히 활동
하고 있습니다. MBC에서 새로운 성우를 선발할 날이 언제쯤 올지,
오기는 할는지 궁금하네요.

EBS 성우극회

http://voice.ebs.co.kr

교육 방송으로 잘 알려진 EBS는 공채 시 한 번에 선발하는 인원수가
남녀 도합 평균 서너 명 정도로 상당히 적어요. 그렇기 때문에 EBS
성우극회는 긴 역사에 비해 규모가 그리 크지 않습니다.

　　EBS는 여타 방송국들과 달리 전속성우 공채 시험에서 카메라 테
스트를 치르는 것이 특징이었는데요. EBS 전속성우의 경우, 어린이

프로그램의 MC를 맡거나 방송 리포터를 맡는 일이 종종 있었습니다. 그러다 보니 탤런트처럼 TV에 얼굴을 드러내고 활동할 수 있는 성우를 필요로 한 것이지요. 하지만 가장 최근에 있었던 2013년 23기 공채에서는 카메라 테스트 항목이 빠지고 평범하게 1차 음성 파일 심사, 2차 음성 실기시험, 3차 면접으로 성우를 선발했습니다.

대교방송

http://www.kids17.net

대교방송은 케이블 채널 최초로 성우를 뽑은 방송국입니다. 주로 애니메이션이나 어린이 대상 제작 프로그램을 방송하는 곳이죠.

1994년 성우 1기 공채 이후, 가장 최근엔 2014년 성우 6기 공채가 있었습니다. 성우 공채가 이뤄지는 기간이 길고, 한 번에 뽑는 인원도 적은데다, 공채에 합격하고도 다른 방송국 성우로 새로 시험을 봐서 옮겨간 극회원이 많아 현존하는 성우극회 중에서는 가장 규모가 작은 곳이죠.

전속성우의 이탈이 유난히 잦은 이유는 채널이 하나뿐인 것도 있겠지만 그나마도 대교 방송에서 자체 더빙하는 애니메이션의 분량이 줄면서 전속성우들에게 활동 기회를 제대로 제공하지 못한 탓이 큰 것 같습니다.

1995년 애니메이션 전문 채널인 투니버스는 개국과 함께 첫 성우 공채를 시행했습니다. 그때 '투니버스 성우(투니 성우)'라 불리던 것이, 현재 CJ E&M에 합병되어 방송국 소속이 바뀌었음에도 계속 이어지고 있지요.

당시 투니버스는 애니메이션 전문 채널로 매년 케이블 방송 시청률 전체 1위를 독차지할 정도로 인기가 대단했어요. 그런 투니버스가 온게임넷, 온스타일 등 여러 채널과의 인수 합병을 통해 온미디어 채널 소속이 되면서 전속성우들 역시 온미디어 계열 전 채널에서 활동하는 온미디어 성우가 되었지요. 그러다 2009년 온미디어가 CJ E&M에 인수 합병되면서 소속 성우들 역시 CJ E&M으로 소속이 바뀌었답니다.

CJ E&M은 CJ그룹 계열사로, 투니버스를 비롯해 tvN, Mnet, OCN, XTM 등 수많은 채널을 보유하고 있는 거대 미디어그룹이에요. 투니버스 전속성우로 시작하던 당시에는 지상파 방송국 출신 성우들로부터 텃세가 있는 등 어려움도 있었다고 하지만 현재는 방대해진 채널 수와 영향력, 다양한 콘텐츠 보유로 극회의 위상이 처음과는 비교할 수 없을 만큼 높아졌습니다.

투니버스는 전속성우에게 과감하게 주역을 맡기는 등 지원을 아

끼지 않는데요. 덕분에 전속성우들은 다수의 애니메이션 더빙에 참
여하며, 시청자에게 노출될 기회를 많이 얻어 안정적인 인지도를 확
보하고 있습니다.

대원방송 성우극회

http://www.daewonvoice.com

대원방송은 2008년에 처음으로 공채 성우를 뽑았습니다. 애니메이
션 전문 케이블 채널인 애니원TV, 애니박스, 챔프TV, 채널J를 운영
하고 있어요.

역사는 짧지만 전속 때부터 애니메이션 더빙에 참여할 수 있는 기
회가 많고, 외부 활동도 왕성한 편입니다. CJ E&M 성우와 마찬가지
로 애니메이션 더빙으로 인한 TV 노출로 전속성우의 인지도가 다
른 지상파 방송국 성우들에 비해 높은 편이지요. 2014년에 공채 성
우 5기를 선발했습니다.

성우 세계의 블랙마켓, 언더성우

얼마 전, 한 모임에서 사람들과 이야기를 나누던 중 자연스레 성우
에 대한 이야기가 나왔어요. 그때 한 지인이 "제 친구 중에도 성우

가 있어요"라고 하더군요. 혹시 제가 아는 성우일까 싶어 이름을 물었더니 아마 모를 거라며 한사코 얘기를 안 하더라고요. 알고 보니 그 지인의 친구는 정식으로 방송국 공채와 전속기간을 거치지 않고 활동하는 '언더성우'였습니다. '인디성우'라고도 하죠.

언더성우는 방송국 공채를 통과한 정식 성우는 아니지만 보수를 받고 성우 일을 하는 사람들을 말해요. 이 중에는 애초에 프로성우가 될 생각 없이 본업을 갖고 부업 차원에서 활동을 하는 경우가 있는가 하면 성우 지망생이 성우 공채 시험을 준비하며 경험 차원에서, 또 아르바이트 차원에서 활동하는 경우도 있습니다. 이러한 언더성우들은 실력은 정식 성우에 준하고, 보수는 정식 성우에 비해 낮기 때문에 그 수요가 끊이지 않는다고 해요. 이들은 주로 녹음실 지인, 언더성우 카페, 성우 학원의 소개 등 알음알음으로 일을 시작하는 경우가 많은데요. 성우 녹음을 자주 하는 홈쇼핑이나 외주 제작사(녹음실) 등 군소 업체에서 언더성우를 고용해 전속으로 두고 간단한 녹음은 직접 진행하는 경우도 있습니다.

"그럼 힘들게 공채 시험 보고 정식 성우가 될 필요 없는 거 아닌가요?"라고 말하는 친구들이 있을지도 모르겠네요. 게다가 성우 공채에 합격한다 해도 정식 성우가 되려면 2년이라는 전속기간을 거쳐야 하니까요. 하지만 세상 일이 그렇게 간단하다면 정식 성우가 되기 위해 노력하는 수많은 지망생들이 있을 이유도 없겠죠. 언더성우 시장은 어디까지나 정식 성우 시장의 암묵적인 이해 하에 형성돼 있는 블랙마켓이나 다름없어요. 자연스러운 시장 원리에 따른 것이라 불법이라 할 수는 없지만 기존 시장 질서에 안 좋은 영향을 미칠 수 있다는 점에서 우려가 있었던 것이 사실이고요. 그래서 성우협회에서는 협회에 등록된 프로성우가 비등록 성우(언더성우)와 같이 일할 경우 제제를 가한다는 입장을 밝히기도 했습니다. 그렇다고 해서 성우를 쓰고자 하는 수많은 업주 측에 강제할 수 없는 부분이기도 해서 암묵적으로 공생을 하고 있는 상황이지요. 다만, 공공연하게 언더성우가 표면에 나서서 정식 성우와 함께 작업을 하는 일은 거의 없습니다. 방송국에서 언더성우를 쓰는 일도 없고요.

물론 어떤 경우든 예외는 있게 마련이지만, 언더성우의 일은 대단히 제한적이며, 직업으로서 미래가 밝다고 보기도 어렵습니다. 지망생들의 입장에서 실력은 있는데 성우가 되지는 못하니, 돈은 벌어야겠고 어쩔 수 없이 언더성우 일을 선택하는 그 마음을 이해 못하는 것은 아닙니다. 하지만 과도한 언더성우 활동은 성우 시험 합격과 더 멀어지는 원인이 될 수도 있어요. 프로성우가 되기 위한 과정 중에 잠시 경험을 쌓기 위해 활동하는 영역 또는 아르바이트 수준으로 접근하는 것이 맞을 것 같아요.

성우마다 전문 분야가 따로 있나요?

"나는 나중에 광고 전문 성우가 될 거야!" 혹시 이렇게 특정 분야 전문 성우를 꿈꾸는 친구들이 있나요? 예를 들어, 애니메이션 더빙만 전문으로 하는 애니메이션 전문 성우라든가, CF 녹음만 하는 CF 전문 성우라든가…. 글쎄요. 장르별로 전문적으로 활동하는 성우가 있을 것 같기도 한데, 사실 그런 구분은 따로 없습니다. 물론 성우 개개인에 따라 주로 활동하는 분야나 특별히 자신이 있는 분야가 다를 수 있죠. 애니메이션 녹음 비중이 높은 성우, 내레이션 비중이 높은 성우처럼요. 하지만 특정 장르의 일만 고집하는 성우는 없답니다.

다만, 출연 의뢰가 왔을 때 강제성은 없으므로 본인의 판단에 따라 출연을 고사할 수는 있어요. "난 애니메이션을 좋아하니까 애니메이션에만 출연할 거야" 하며 일을 골라 받을 수는 있지만 그렇다고 애니메이션 더빙에 대한 전문성을 인정받는 것은 아니니 굳이 자신의 영역을 어느 한 장르로 한정할 필요는 없지 않을까요?

이웃 나라 일본의 경우도 마찬가지입니다. 흔히들 일본에는 애니메이션 더빙만 전문으로 하는 성우가 따로 있을 거라고 생각하기 쉬운데, 전혀 그렇지 않아요. 물론 일본은 애니메이션이라는 장르에만도 성우 수요가 엄청나기 때문에 애니메이션 일만으로도 스케줄이 벅찬 성우들이 있어요. 하지만 그것이 결코 애니메이션만 하도록 정해져 있기 때문은 아닙니다. 예를 들어, 일본 애니메이션 팬이라면 들어본 적이 있을 성우 이시다 아키라의 경우, 인터뷰 당시 일의 비중을 애니메이션 50%, CD드라마 30%, 게임 15%, 외화 더빙 5%라고 밝힌 바 있어요. 드물지만 CM이나 내레이션 작업도 하고요.

능력이 있고 기회가 된다면 여러 장르를 넘나들며 활동을 하는 것이 좋습니다. 성우에게는 작품 하나, 일 하나 맡게 된다는 것이 곧 소득과 직결되니까요. 물론 다양한 장르를 소화하고 싶다는 성우 개인의 연기 욕심도 있겠고요.

경력이 오래 되었다고 해서 모든 연기를 잘할 수 있는 것은 아닙니다. 하지만 개인에 따라 좀 더 잘하는 분야가 분명 있을 거예요. 때문에 성우에게 있어 자신에게 잘 맞는 분야를 찾아 능력을 개발하고 특화시키는 것은 매우 중요한 일입니다. 그것이 곧 성우 시장이라는 자율 경쟁 사회 속에서 생존할 수 있는 수단이 될 테니까요.

성우 이시다 아키라

1967년 11월 2일생. 애니메이션 「슬레이어즈」의 제로스, 「최유기」의 저팔계, 「신세기 에반게리온」의 나기사 카오루, 「기동전사 건담 SEED」의 아스란 자라 등의 역할을 맡아 국내 애니메이션 팬들 사이에서 잘 알려진 일본 성우입니다.

어린이 성우와 정식 성우

"아역 배우는 있는데, 어린이 성우는 없나요?" 딩동댕~. 아역 배우와 마찬가지로 어린이 성우가 있다는 사실, 알고 계셨나요? 기본적으로 성우 공채 시험이 고등학교를 졸업한 성인 이상을 대상으로 하다 보니 그보다 어린 중고등학생까지는 모두 어린이 성우에 해당하지요.

어린이 성우는 주로 구인란이나 인터넷 커뮤니티에 오디션 공고를 내서 뽑는데요. 특채로 선발되는 경우도 많습니다. 주로 디즈니 극장판 애니메이션이나 어린이를 주요 대상으로 한 영화에서 주인공의 실제 나이와 비슷한 또래 어린이를 성우로 쓰곤 했는데요. 최근에는 극장판뿐만 아니라 인기 애니메이션 「또봇」에서도 어린이 성우를 고용해 어린이 성우의 존재감을 드러낸 바 있습니다.

다만, 어린이 성우를 했다고 해서 성우협회에 가입되는 것은 아니에요. 그대로 정식 성우가 될 수 있는 것도 아니고요. 사실 어린이 성우는 화제성을 위한 이벤트에 가깝죠. 아, 물론 어린이 성우도 커서 정식 성우가 될 수는 있습니다. 다른 지망생들처럼 방송국 공채 시험에 합격하면 말이죠!

외국에서 성우 하기

"외국에서 성우를 하고 싶은데, 가능할까요?" 물론 할 수 있습니다. 다만 해당 국가의 언어를 원어민에 견주어 손색이 없을 정도로 정확하게 구사해야 한다는 조건이 붙지만요. 그만큼 쉬운 일이 아니겠죠. 생각해보세요. 우리나라에서 우리나라 말을 모국어로 쓰는 사람들끼리도 성우가 되기 위해 치열한 경쟁을 거치잖아요. 하물며 외국에서 그 나라 말을 모국어로 쓰는 사람과 언어로 경쟁을 하려면 눈앞에 한 단계 더 높은 장벽이 생긴 셈이죠.

외국에서 음악이나 연기 활동을 하는 가수와 배우는 많지 않냐고요? 네, 그런데 성우로서 목소리 연기를 하는 것은 이와는 차원이 다른 이야기입니다. 음악은 가사 전달력이 다소 떨어져도 충분히 감동을 줄 수 있는 음악적 요소가 많아요. 배우 역시 독특한 말투는 그 배우의 캐릭터로 받아들여질 수 있고, 그 외에도 외모나 연기력으로 부족한 언어 능력을 커버할 수 있지요. 그렇지만 성우는 오로지 음성, 말로만 승부를 봐야 합니다. 비주얼적 보조 장치가 없는 연기인만큼 섬세할 수밖에 없죠. 약간의 뉘앙스 차이만으로도 다른 뜻을 전달할 수 있는 게 사람의 언어니까요.

예전에 업무 차 일본의 작은 성우 기획사 대표와 이야기를 나눈 적이 있습니다. 그 기획사는 오랜 기간 성우 학원도 운영해오고 있는데, 그곳에 한국인 학생들이 두어명 정도 있었다고 합니다. 일본에서 성우가 되고 싶어 꿈을 키우는 지망생들이었죠. 하지만 외국에서 한국인이 성우가 되었다는 이야기는 아직까지 들은 적이 없습니다. 비교적 언어가 친숙하고 접근하기 쉬운 일본에서조차 말입니다. 아, 한 사람이 있긴 해요. 재일교포 3세인 박로미 성우입니다. 그런데 박로미 성우는 일본에서 나고 자라 일본어를 모국어로 쓰는 성우라 경우가 좀 다르지요. 그만큼 언어의 장벽은 높다는 뜻입니다.

성우 박로미

1972년 1월 22일 도쿄 출생. 재일교포 2세인 아버지와 한국인인 어머니 사이에서 태어난 재일교포 3세로, 애니메이션 「브레인 파워드」의 카난 기모스 역을 통해 성우로 데뷔했습니다. 국내에서도 큰 인기를 얻었던 「강철의 연금술사」 주인공을 맡아 내한 이벤트에 참여하기도 했습니다.

투니버스 기출 문제

성우가 되려면 우선 방송국의 공채 시험을 통과해야 한다고 했죠? 방송국마다 절차는 다르지만 대부분 실기시험 위주로 평가하기 때문에 연기 실력을 부단히 갈고 닦아야 한다는 말씀!

2015년에 진행된 투니버스 공채 1차 실기 시험문제를 가져왔답니다. 공채 시험 기출문제는 각 방송국 홈페이지나 성우 관련 커뮤니티에서 쉽게 구할 수 있어요. 자, 그럼 연습도 해볼 겸 여러분의 목소리를 MP3나 휴대폰 녹음기에 녹음해서 들어보세요.

투니버스 9기 전속성우 1차 실기시험

녹음 가이드

◈ 괄호 안의 지문과 문제 번호를 제외한 모든 문항(1~5번)을 녹음하십시오.

◈ 1번의 괄호 안에는 자신의 이름을 넣어 정확하게 읽어주십시오.

◈ 연기설정은 괄호 안의 지문과 대본 내용을 참고로 하고, 나머지 상세한 설정은 자유입니다.

◈ 목소리도 자유롭게 설정하며, 되도록이면 가장 편하고 자신 있는 톤으로 해주십시오.

주의사항

◈ 시험문항별로 파일을 나누지 말고 1번부터 5번까지 하나의 mp3파일로 만들어서 CD에 데이터 형태로 넣어 주십시오. USB나 외장하드 등 기타 저장매체로는 접수 불가합니다.

◈ 오디오 CD역시 접수 불가 합니다.

◈ 파일 이름은 자신의 이름을 적어주십시오.

◈ 문항 이외에 그 어떤 추가적인 녹음 (개인기, 다른 연기, 자기소개 등등)을 넣거나 기계조작을 가했을 시엔 바로 실격처리 됩니다. 주의하십시오.

◈ 녹음된 파일은 컴퓨터 오디오재생프로그램으로 확인하여 주십시오. 파일오류로 인한 재생 불가의 경우 실격 처리됩니다.

◈ 모집 요강에 나온 접수 날짜와 시간을 반드시 준수해주십시오.

여자 1차 시험문제

1. 투니버스 9기 전속성우 모집 1차 실기시험에 응시하는 (   )입니다.

2. (자신이 죽은 이유를 알게 된 유령이 친구에게)
그렇구나. 난 여기서 죽은 거구나. 전부 다 생각났어. 그 때 내가 왜 자동차를 못 피하고 치였는지! 나는.. 나는 후회 같은 거 안 해. 시현일 위해선 뭐든 할 거야! 시현아 나는 여기 있어. 시현아! 시현아! 넌 내가 싫어서 그런 말을 한 게 아니지? 너의 따스한 마음이 느껴져. 그 동안 고마웠어! 잘 있어.. 행복해야 해..

3. (아빠와 화해하려고 혼자 연습중인 딸)

아빠~ 쪼잔하게 삐쳐있지 말고 그냥 화해하자 응? 아 맞다! 내일 부모님이랑 같이 하는 수업 있는데 심심하면 오든가. (원래 톤) 아냐 아냐 너무 건방져.. 이건 화해하는 태도가 아니잖아. (애교) 아빠앙~ 별이가 잘못했어~ 용서해 줘용. 글구 내일 우리 학교에 꼭 와죠~ 응? 응? (오그라들며) 안 돼! 이건 너무 오글거려! 어떡하지.. 아! 맞다 그 방법이 있었지!

4. (카리스마 여신)

잘 들어. 그는 불화의 영혼을 가진 장난꾸러기다. 나와 내 동생이 나서서 그를 막기 전까지 이 곳은 불안과 혼돈으로 가득 차있었지. 우린 소중한 사람들이 서로를 미워하고 괴로워하는 걸 보고 있을 수만은 없었다. 결국 우린 비밀의 조각들을 발견했고 그 힘을 모아 맞서 싸워 마침내 그를 돌로 봉인해 버렸지.

5. (손님에게 소리지르는 가게 주인)

저 사람들이 진짜..! 이봐요! 왜 가게 앞에서 싸우고 난리야? 그거고 저거고 시끄러워요! 우리 가게 라면을 먹고 싶으면 조용히 줄 서서 기다려요. 시끄럽게 굴 거면 그냥 집으로 가고. 거거거거.. 거기 당신들! 라면 맛도 모르면서 뭔 주문이 그렇게 많아? 여기 메뉴 딱 하나야. 호로록 라면이 싫은 사람은 당장 여기서 나가!

남자 1차 시험문제

1. 투니버스 9기 전속성우 모집 1차 실기시험에 응시하는 (　　)입니다.

2. (죽어가는 남성)

아아... 난 그냥, 적당히 가게나 하면서, 적당히 돈도 벌어서, 미인도 호박도 아닌 평

범한 여자랑 적당히 결혼해서, 애나 적당히 둘 낳고 싶었는데.. 자식들 다 크면 은퇴해서 유유자적한 생활을 즐기다 아내보다 먼저 늙어 죽는.. 그런 인생을 살고 싶었는데 말야.. 어울리지도 않게 나서는 바람에.. 그냥 평범하게 생을 끝내고 싶었는데.. 귀찮은 짓을 해버렸어..

3. (증오의 대상에게)

9년이야. 달 기지에 홀로 남겨진 9년 동안 네 녀석을 향한 증오로 고통스럽기만 했는데.. 지금은 어느새 쾌감에 가까워졌어. 몸이 마구 떨려올 정도야. 후후후.. 이 기분은 마치.. 마치.. 사랑에 빠진 여자아이 같아. 네 녀석하고 마주하고 있을 때면 특히 더 실감하게 돼. 지금 살아있다는 걸 말야.

4. (비행기에서 옆자리 사람에게 호들갑 떨며)

이 비빔밥 진짜 맛있지 않아요? 전 5분이면 세 그릇도 더 먹을 수 있거든요 헤헤! 실은 제가 1년 동안 아프리카에 출장 나가있었는데 그 동안 한국 음식이 어찌나 먹고 싶던지~ 네? 왜 처음 보는 사람한테 이런 얘기를 하냐고요? 왜긴요! 옆자리 앉았음 원래 다 친구 아녜요? 우하하 (헤드락 걸며) 반갑다 친구야!

5. (운명을 저주하며 절규)

(거친 들숨) 말도 안 돼! 이건 아냐.. 이건 아니잖아!! 불의 신이시여 왜 에미스를 데려간 겁니까! 차라리 여기 제 목숨도 가져가십시오! 에미스가 없는 세상 따위 살고 싶은 맘도 없으니까! 불의 신 화염이여! 들어라! 어서 날 에미스 곁으로 데려가라고!

(출처: 투니버스 홈페이지)

사람은 스스로 믿는 대로 된다
★ K. 안톤 체홉 ★

녹음실 안 성우의 영역

성우는 더빙만 하는 사람이 아냐

성우의 활동 영역은 미디어의 발달과 함께 변화해왔습니다. TV가 상용화되지 않았던 과거에 성우들의 활동은 라디오 드라마나 방화[*] 더빙이 큰 비중을 차지하고 있었어요. 그러다 TV가 보급되면서 상대적으로 라디오 드라마 참여 비중이 줄고, 애니메이션과 외화 더빙, 내레이션 등 TV 콘텐츠에서의 활약이 두드러졌죠. 인터넷이 발달한 현재는 더욱 다양한 매체에서 활동하고 있습니다.

[*] 방화(邦畫)는 자기 나라에서 제작된 영화를 말해요. 업계에서는 방화라는 은어를 사용하지만 '국산 영화'로 순화해서 쓰는 것이 좋아요. 국내 영화산업의 초창기 시절, 기술 부족과 열악한 제작환경, 배우들의 연기력 부족으로 영화 대부분이 후시녹음 방식으로 만들어졌어요. 즉 배우 대신 성우가 대사를 더빙한 것이죠.

그럼 성우가 하는 일을 한번 떠올려볼까요? 외화나 애니메이션 더빙, 광고(CF), 내레이션 등등? 아마 보통 사람들은 이 정도 떠올리는 것이 고작이겠지만, 성우의 활동 영역은 생각보다 굉장히 넓어요.

지금부터 하나씩 짚어볼게요. 우선 앞서 말한 외화나 애니메이션 더빙이 있겠죠. CF 녹음, 각종 방송 프로그램 내레이션도 있겠고요. 최근에는 온라인 게임과 모바일 게임 시장이 커지면서 게임 더빙의 비중도 엄청나게 늘어났습니다. 그 밖에 교재 등을 비롯한 각종 시청각 콘텐츠를 녹음하기도 하고요. 라디오 DJ, ARS 녹음, 홈쇼핑 내레이션, 내비게이션 음성 녹음, 대중교통 안내 방송 등등…. 헉헉, 일일이 열거하기 어려울 만큼 다양한 분야에서 성우들이 활약하고 있네요.

이게 끝이 아닙니다. 최근에는 팬덤을 바탕으로 성우의 상품성을 시험해보는 다양한 시도가 이뤄지고 있어요. 그 대표적인 것이 드라마 CD이고, 그 밖에 이벤트, 음반 제작 등을 꼽을 수 있어요.

또 연기에서 확장된 영역으로, 연극이나 뮤지컬 출연, 배우로서 영화나 드라마 등에 출연하는 경우도 많아졌습니다. 성우 세계에서 쌓은 오랜 경력을 살려 지망생이나 연기 전공 대학생들에게 강의를 하기도 하고, 녹음 연출을 직접 하는 성우도 있지요.

성우의 목소리 연기 vs. 일반 연기

아동을 대상으로 하는 극장판 애니메이션을 개봉할 때, 심심찮게 거론되는 이슈가 있지요? '연예인 캐스팅 논란!' 배우가 됐든 개그맨이 됐든 피해 가기 힘든 논란인데요. 생각해보면 참 이상합니다. 애니메이션에 캐스팅되는 배우도, 개그맨도 모두 인기 절정의 실력파 연기자들이잖아요. 그런데 왜 목소리 연기가 어설퍼 그 많은 사람들이 꾸준히 도마에 오르는 걸까요? 성우의 연기는 일반 연기와 다른 데라도 있는 걸까요?

결론부터 얘기하면, 있고말고요! 이해하기 쉽도록 애니메이션 연기와 TV 드라마 연기를 비교해서 생각해보자고요.

먼저 가장 큰 차이는 연기자가 화면에 직접 드러나느냐 아니냐입니다. 화면만 애니메이션으로 바꾸면 똑같지 않냐고요? 천만의 말씀. 표정이나 액션 없이 목소리만으로 표현하는 성우 연기는 실제로 연기 동작을 취하는 TV 드라마 연기와 엄청난 차이가 있어요. 예를 들어 운동장을 전력 질주하고 숨이 차서 말을 하는 장면이 있다고 생각해보세요. TV 드라마에서는 연기자가 실제로 운동장을 달리고 숨이 차서 연기를 하잖아요. 운동장을 달리는 장면이 먼저 나와 시청자들이 '아~ 저 사람이 숨이 찬 상태로 말을 하는구나!' 하고 이해하기도 쉽고요. 하지만 성우는 액션 없이 목소리만으로 달리는 호흡과 숨이 찬 상태에서 하는 대사를 자연스럽게 표현해야 합니다. 어떤 차이가 있는지 이제 알겠지요?

"녹음실 안에서도 뛰면 되지 않나요?" 물론 성우들이 목소리 연기를 할 때 무표정, 무액션으로 연기하는 것은 아니에요. 하지만 대본끼리 부스럭대는 소리도 잡아내는 민감한 마이크 앞에서 소음이 발생하는 큰 동작은 취할 수가 없어요. 이런 이유로 마이크 앞이라는 한정된 공간에서 이뤄지는 성우의 연기는 일반 연기와 다를 수밖에 없습니다.

두 번째 차이점은 화면에 대사의 길이를 맞추는 것인데요. 성우 업계에서는 흔히 '입길이를 맞춘다'고 합니다. TV 드라마에서는 배우가 자신의 감정에 따라 말하는 타이밍이나 속도를 연기하면 됩니다. 하지만 애니메이션은 그렇지 않죠. 화면 속 캐릭터가 입을 떼고 다무는 타이밍에 맞춰 연기를 해야 합니다.

제가 성우라는 직업을 동경하며 모 방송국 부설기관에서 성우 수업을 듣던 대학생 시절, 처음 마이크 앞에서 더빙 연기를 했을 때가 생각나요. 그때의 긴장감이란! 목구멍에서 계란이 튀어나올 것 같은 느낌이었는데요. 십 수 년이 지난 지금도 잊을 수가 없는 기억입니다.

작품은 「은하철도 999」, 제가 맡은 역할은 차장이었고 대사는 "아이쿠, 늦겠다" 한 마디였어요. 아주 간단한 연기였고, 심지어 차장은 투명인간이라 입이 보이지 않기 때문에 입길이를 신경쓸 필요도 없었죠. 같은 장면을 몇 번씩 보고 대사도 수십 번씩 입 밖으로 소리 내어 말해봤습니다. 차장이 화면에 잡히고 제 차례가 되었을 때! 패닉에 빠진 제 입에서는 정말 리얼하고 다급한 "어이쿠!('대사가 들어가는 타이밍을 놓쳤네!')"가 튀어나왔어요. 그렇다고 입길이에만 너무 신경을 빼앗기다 보면 감정 연기를 놓치기 십상입니다. 그러니 아무리 연기를 잘하는 배우가 와도 '입길이에 맞춰 연기하는 것'에 경험이 없고, 숙련되어 있지 않은 이상 제 실력을 모두 발휘하기 힘든 것이 사실이죠.

"그럼 라디오 드라마처럼 화면 없이 목소리 연기를 할 땐 입길이를 맞출 필요가 없으니 좀 더 쉽겠네요!" 아이고, 뭘 모르시는 말씀! 화면이 없어진다는 건 화면을 통해 전달되던 정보, 이를테면 장소, 정황, 동작과 같은 정보를 모두 소리로 표현해내야 한다는 말이 됩니다. 야구장처럼 시끄러운 곳에서 하는 말, 무거운 짐을 들고 있을 때 하는 말, 누워서 하는 말…. 이런 정보가 청자에게 전달될 수 있게끔 연기하기란 보통 어려운 일이 아니에요.

무궁무진한 성우 연기!

인터뷰를 하다 보면 본인의 사진이 공개되는 것에 우려를 표하는 성우들이 있어요. 사진 공개를 주저하는 가장 큰 이유는 '아이들의 환상을 깰까 봐'라는 것이었습니다. 열혈 스포츠물의 멋진 남자 주인공인데 그 성우가 알고 보니 아줌마더라, 귀여운 동물 캐릭터의 성우가 수염 난 아저씨더라…. 뭐 이런 건 흔한 이야기죠. 제가 여기서 하고 싶은 이야기는 캐릭터와 따로 노는 성우의 이미지야말로 성우 연기의 매력이라는 점입니다. 당최 무슨 말인지 모르겠지요? 하하하.

제가 처음으로 좋아했던 일본 성우 오가타 메구미는 그야말로 어리고 순수했던 제 마음의 환상을 여지없이 깨부순 성우였습니다. 「유유백서」의 쿠라마, 「신세기 에반게리온」의 이카리 신지 등 타의 추종을 불허하는 미소년 연기의 대가인 그의 실체는 웬만한 남자 성우보다도 덩치가 큰 '언니'였어요.

오가타 메구미는 변성의 폭이 정말 넓은 성우였습니다. 애니메이션 「마법기사 레이어스」에서 가냘프고 청아한 음성의 에메로드 공주 연기를 들었을 때 그 목소리가 오카타 메구미의 목소리라는 것을 처음에는 도무지 믿을 수가 없었거든요. 심지어 「마법기사 레이어스」에서 에메로드 공주와 함께 '이글'이라는 미청년 역할도 동시에 맡아 연기하기도 했죠. 다른 작품에서는 캐릭터의 엄마로, 지나가는 할머니로 나오기도 했고요. 보는 입장에서도 이렇게 다양한 캐릭터를 소화해내는 모습이 신기하다 못해 웃음이 날 지경인데 직접 연기를 하는 본인은 얼마나 재미있을까요?

배우는 겉으로 보이는 외모로 인해 맡을 수 있는 역할에 제약이 있을 수밖에 없어요. 하지만 성우는 그렇지 않아요. 목소리를 변조할 수 있는 한에서 무궁무진한 역할을 맡을 수 있습니다. 그것도 성별이나 연령, 종족을 뛰어넘어 무생물 또는 영혼까지도요.

성우 인터뷰를 하며 공통적으로 많이 들었던 이야기가 있는데요. 그중 하나가 "연기할 때 자기 성격의 한 부분을 확대해서 주어진 캐릭터를 연기한다"는 것이었습니다. 실제 나(성우)는 내가 맡은 캐릭터처럼 잘 생기거나 멋있는 사람은 아니지만, 나에게도 그 캐릭터와 같은 면이 있고 거기서부터 역할에 공감하고 캐릭터를 만들어간다는 말인 것 같아요. 결국 캐릭터에는 연기하는 성우의 개성이 어떻게든 반영되게 마련입니다. 라디오 드라마의 경우 성우들은 대본만으로 자신이 맡은 인물을 창출해내야 하는데, 그러다 보면 누가

성우 오가타 메구미

1965년 6월 6일생. 데뷔작을 비롯해 미소년, 미청년, 보이시한 여성, 중성적인 역할을 도맡아 여성 성우인데도 여성 팬이 압도적으로 많습니다. 대표작으로는 애니메이션 「유유백서」의 쿠라마, 「에반게리온」 시리즈의 이카리 신지, 「미소녀전사 세일러문」 시리즈의 세일러 우라누스 등이 있습니다.

어떻게 연기하느냐에 따라 완전히 다른 캐릭터가 나오게 되죠. 같은 대사를 같은 감정, 이를테면 분노로 표출한대도 표현하는 방법은 정말로 다양하니까요. 어떻게 분석하고 연기하느냐에 따라 완전히 달라지는 피조물의 창조자로서 애착이 생길 수밖에 없겠지요. 성우 연기의 이런 매력 때문에 그 많은 지망생들이 좁디좁은 길임을 알면서도 끊임없이 도전하고 있는 것이 아닐까요?

서브 문화 산업에 불을 지핀 '동네오빠 프로젝트'

이웃 나라 일본에서는 성우를 활용한 부가 상품 사업을 쉽게 찾아볼 수 있는데요. 우리나라에는 그런 것이 없다며 눈물을 흘리는 성우 팬들이 환호성을 지를 만한 소식이 있답니다. 대한민국 인기 성우 6인방이 노래 잘하는 편안한 동네오빠로 팬들에게 다가간 '동네오빠 프로젝트'입니다.

'동네오빠' 라 불러다오!

2015년 상반기, 이름만 들으면 누구나 알만한 성우계의 훈남들이 직접 부른 노래를 녹음한 정규 앨범을 냈어요. 소셜 펀딩 형식으로 진

동네오빠

행된 이 프로젝트는 목표액의 약 12배, 펀딩액 6천 만원이 넘는 업계 사상 최고액을 달성하며 성황리에 종료되었는데요. 성우들과 팬덤의 활약이 대단하지요? 성우 업계에서는 이번 '동네오빠 프로젝트'가 앞으로 성우들의 활동 영역이 꾸준히 확장되는 도화선이 될 것으로 보고 있답니다.

노래면 노래, 랩이면 랩… 성우들 중에는 목소리 연기 외에도 다양한 재능을 가진 분들이 많습니다. 그럼에도 국내에서는 이런 재능들을 발휘할 기회가 좀처럼 없지요. 업계의 예측처럼 이들의 활동이 성우들이 만능 엔터테이너로서 뻗어나가는 첫 걸음이 되기를 기원해봅니다. 다양한 미남들의 연기를 도맡아 할 만큼 꿀성대를 자랑하는 '동네오빠'들! 2집, 3집도 기대할게요.

(자료제공: 맥에이전시)

동네오빠 앨범 자켓

대한민국 인기 성우 정재헌, 박성태, 이호산, 최승훈, 김명준, 이현, 6인이 모여 발매한 정규앨범입니다. 각자 대림동 꿀오빠, 당동 태오빠, 역촌동 산이오빠, 정자동 후니오빠, 증산동 준이오빠, 관교동 현이오빠라는 이름으로 "활동하고 있죠. 음반 발매 기념 콘서트도 매진을 기록하며 성공적으로 마쳤답니다. 동네오빠 인기가 대단하네요!"

★ 여섯 번째 목소리 ★

당신의 목소리를
살게요

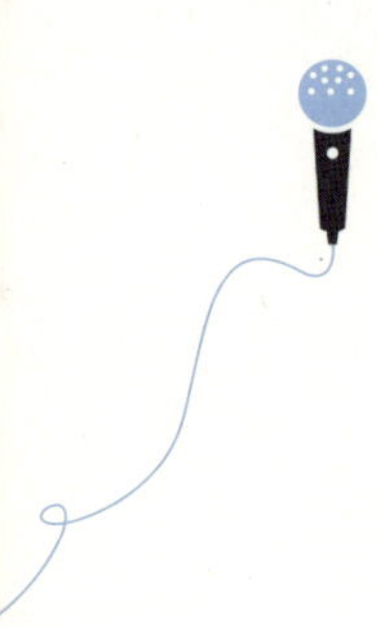

성우의 목소리는 부르는 게 값이다

"오늘의 카더라 통신입니다. 성우들은 15초짜리 광고 멘트 하나를 녹음하고 몇 천만 원을 받는다고 하는데요. 이 말이 과연 사실인지 카더라 통신에서 심층 취재했습니다. 황보현 기자?" 네, 이렇게 출처를 알 수 없이 막연하게 떠도는 풍문 때문인지 흔히들 성우는 돈을 많이 번다고 알고 있어요.

물론 아주 틀린 말은 아닙니다. 다만 거액의 보수를 받는 성우는 극히 일부일 뿐이죠. 김기현 성우와 인터뷰를 했을 때, 선거 홍보 녹음을 의뢰받고 거액의 보수를 받았다는 이야기를 들은 적이 있습니다. 실체 없는 전설의 실재를 직접 확인한 거지요. 중요한 것은 누군가에게 '콕 집어 원하는 목소리'가 되었을 때, 그 목소리의 가치는 흔한 말로 '부르는 게 값'이 된다는 사실입니다.

　기본적으로 성우의 보수는 방송국의 일인지, 방송국 외부의 일인지에 따라 달라집니다. 방송국의 일은 나름대로 기준 체계가 잡혀 있는데요. 외부 일은 고용주와 성우가 쌍방 협의를 통해 정하기 때문에 대략적인 시세는 있을지언정 정해진 기준은 없어요. 어느 직업군이든 마찬가지겠지만 경력이나 실력, 인기에 따라 보수는 달라지게 마련입니다. 덕분에 성우의 수입에 대해서는 도저히 특정 지을 수가 없어요. 평균적인 금액을 알려달라고요? 일이 정말 없으면 월에 100만 원을 못 벌기도 하고, 많이 벌면 연간 억대 수입을 올리기도 하는 것이 성우라는 직업입니다. 그러다 보니 평균적인 수입을 추정하기가 어렵습니다.

　대신 전속성우들의 수입은 대략 정해져 있으니 이야기해볼 수 있겠네요. 전속성우들은 소속 방송국 직원의 개념으로 월급(기본급)을 받습니다. 방송국과 연차에 따라 다소 차이는 있지만 보통 100만 원 전후의 기본급에, 녹음할 때마다 해당 방송국에서 정한 기준에 따라 소정의 수당을 받지요. 이렇게 기본급과 수당을 합한 금액이 대략 150~200만 원 정도입니다. 여기에 방송국 외부 일을 할 경우, 부외 소득을 기대할 수 있지요. 외부 일을 할 때의 보수는 프리랜서성우와 마찬가지로 정해진 출연료 기준이 따로 없습니다. 원칙적으로 전속성우는 전속기간 동안 해당 방송국이 아닌, 외부 일은 전면 금지되어 있어요. 하지만 케이블 방송국에서는 전속성우들이 전속기간 중에도 능력껏 타 방송국 출연 외의 외부 일을 하는 것을 용인한 다고 해요. 따라서 전속기간 중에도 방송국 안팎에서의 활동량에 따라 수입에 개인차가 생길 수 있습니다. 하지만 전속성우들은 활동이 거의 없다 해도 최소한의 급료는 보장 받는 것이죠.

덤으로 언더성우의 급료도 알아볼까요? 언더성우는 방송국에서 일할 수 없으니, 수입은 모두 외부 일에서 기대할 수밖에 없겠죠. 따라서 자신만의 특화된 무언가를 가진 사람이 아니고서야 전속성 우보다 낮은 출연료를 받고 일하는 것이 일반적입니다. 기본적으로 언더성우에 대한 수요는 저렴한 비용에서 비롯되는 것이니까요.

현재 유명 성우 학원을 운영하고 있는 한 성우는 인터넷 상에 성우들의 평균 연봉이 5~6천만 원이라고 공개해놓았더군요. 좀 바쁘게 활동하는 성우는 2~3억 원까지 번다고도 적어놓았습니다. 구체적인 통계 자료에 기반을 둔 것은 아닌 것 같지만 현업에서 활동하는 성우가 체감하는 연봉 수준이라고 받아들일 수는 있지 않을까요?

성우 김기현

1945년 5월 15일생. MBC 공채 4기 성우. 한때 아이스크림 TV CF에 직접 출연해 '베스킨 아저씨'로 유명세를 탄, 현재까지도 왕성한 활동을 하고 있는 성우 겸 배우입니다. 애니메이션 「은하철도 999」의 차장, 「카우보이 비밥」의 제트 등의 역할을 맡았죠.

분명한 것은 성우는 여전히 본인이 하기에 따라 인생 반전의 기회가 주어지는 직업이라는 겁니다. 예전에 비해 성우 업계가 많이 힘들어졌다고는 하지만 웬만한 회사원의 몇 년 치 연봉을 1년 만에 벌어들일 수 있는 가능성이 누구에게나 열려 있으니까요.

목소리에도 저작권이 있나요?

"성우의 목소리에는 저작권이 있나요?" 뽀로로를 연기한 성우에게 뽀로로 목소리에 대한 저작권이 있을까요? 쉽사리 답을 내리기 어려운 질문이네요.

캐릭터의 저작권은 캐릭터의 말투나 목소리를 포함하지만, 성우들은 기본적으로 '대본을 바탕으로' 녹음하는 관계로, 저작물에 대한 권리인 저작권이 아닌, 저작인접권에 해당하는 실연권[*]을 갖게 됩니다.

말이 너무 어렵죠? 쉽게 예를 들어 설명해볼게요. A라는 가수가 부

---

[*] 실연권은 저작인접권의 하나로, 실연자에게 주어지는 권리를 말해요. 실연자는 가수나 연주자, 배우 등 저작물을 연기·무용·연주·가창·구연·낭독 그 밖의 예능적 방법으로 표현하거나 저작물이 아닌 것을 이와 유사한 방법으로 표현하는 자를 말하지요.

(출처: 네이버 지식백과)

른 노래가 있습니다. 이때 노래에 대한 저작권은 작곡가 및 작사가에게 있고, 그 노래를 부른 가수에게는 그 곡을 표현한 실연자로서의 권리인 실연권이 주어집니다. 같은 관점에서 성우를 적용하면 되겠죠.

성우들은 실연자로서 한국방송실연자협회에 가입해 방송물에 대한 실연권을 행사할 수 있는데요. 그렇게 되면 성우가 출연한 작품이 방송국에서 재방, 삼방 될 때마다 사용료를 받을 수 있습니다.

출연료 책정의 비밀

늘어지게 늦잠을 자고 있던 어느 날, 길게 울리는 전화벨 소리에 잠에서 깼습니다. 평소 친분이 있던 성우의 전화였어요. 통화 버튼을 누르니 대뜸 "1시간짜리 게임 드라마 CD 녹음하면 얼마 받아야 돼?"라는 질문이 날아오더군요. 저는 당황해서 "제가 어떻게 알아요? 성우시잖아요. 더 잘 아시겠죠"라고 대답했습니다. 이야기를 들어보니 성우라도 평소 안 하던 장르의 일이 들어오면 시세를 잘 몰라 출연료를 제시하기가 어렵다고 해요.

성우의 출연료 책정은 일의 종류에 따라 크게 두 가지 방법으로 나뉩니다. 먼저 방송국의 일은 사전에 방송국과 협의된 출연료 산정 기준을 바탕으로 보수가 책정되지요. 좀 더 구체적으로 알아볼까요?

방송물은 외화 더빙을 기준으로 성우의 활동 연차에 따라 A등급과 B등급으로 나뉘어 출연료를 책정합니다. 전속기간 2년을 포함해 데뷔 활동 연차 만 10년까지는 B급, 그 이상은 A급 성우로 등급을 나누지요. 구체적인 금액은 외부로 공개가 불가능하지만 김영진 성우가 한 매체와의 인터뷰에서 밝힌 바에 따르면, 50분물 한 편을 녹음하면 A급은 25만 원 선, B급은 그 절반 정도를 받는다고 하네요.

외화 더빙과 애니메이션 더빙 및 TV 프로그램 관련 녹음은 모두 외화 더빙을 기준으로 보수가 책정되는데요. 특이한 점은 국내 창작 애니메이션의 경우 일반 애니메이션 더빙보다 3배 더 많은 개런티를 측정합니다.

또, 방송 시간 기준 40분 이상 작품에 대해서는 주연 수당이라는 것이 있어요. TV의 경우 출연료의 30%, 라디오의 경우 출연료의 20%를 추가로 더해 출연료를 책정하지요. 하지만 30분이 채 되지 않는 TV 애니메이션에서는 이런 주연 수당은 해당 사항이 없습니다.

그 밖에 예능 프로그램 중 「뮤직뱅크」와 같이 생방송으로 내레이션을 하는 경우는 출연료의 50%를 추가로 더해준다고 합니다.

이렇듯 방송물의 경우, 성우 등급과 참여하는 작품의 길이에 따라 출연료가 책정되다 보니, 제가 한창 TV 애니메이션 녹음 현장 취재를 다니던 당시, 한편에 대사가 딱 한 마디 나오는 캐릭터가 있으면 "한 마디 하고 같은 돈 받는다"며 다른 출연 성우들의 부러움을 사곤 했어요. 물론 이왕이면 대사가 많고 힘들어도 주인공을 하고 싶은 것이 인지상정이겠습니다만.

한편, '방송국 일'이 아닌, CF나 게임 등과 같은 이른바 '외부 녹음' 일의 경우 출연료 기준이 따로 정해져 있지 않아요. 오로지 고용자와의 쌍방 협의에 의해 보수가 정해집니다. 한마디로 쌍방이 합의만 한다면, 십만 원이든 천만 원이든 그 보수는 정하기 나름이라는 말이죠. 물론 이때도 시세, 성우의 경력이나 목소리 인지도, 대본 분량, 의뢰인의 예산 규모 등 여러 가지 요소가 반영되어 출연료가 결정되지요.

성우를 부업으로 한다고?

치열한 경쟁률을 뚫고 힘들게 성우가 됐는데, 무슨 부업 타령이냐고요? 질문에 약간 오해의 소지가 있기는 하지만, "성우는 투잡이 가능할까요?"로 다르게 표현할 수 있겠네요.

한창 성우 인터뷰를 하고 다닐 당시, 어느 성우가 제게 한 말이 있습니다. "여자한테 성우만 한 직업이 없어. 자기도 성우 해.~" 처음 이 말을 들었을 때는 '날 약 올리시는 건가?' 하는 생각이 들어 제 귀를 의심했습니다. 되고 싶다고 될 수 있는 거라면 저도 이미 성우가 되었을 테니까요. 아마 그 성우도 말처럼 쉬운 일이 아님을 알았을 테지만 '그만큼 좋으니 적극 추천한다'는 말을 다르게 표현한 것이겠죠.

실제로 제가 만나본 여성 성우들은 대체로 성우 일에 만족도가 상당히 높았어요. 가장 큰 이유는 바로 자유로운 시간 때문이었는데요. 보통 직장인이 출퇴근 시간에 얽매여 살림이나 육아, 금융거래 등에 어려움을 겪는 것에 비해, 성우들은 스케줄을 어느 정도 자신의 편의에 맞춰 조정할 수 있거든요. 또 그런 것에 비해서는 벌이도 좋은 편이죠. 요지는 성우가 되면 생활과 실리, 두 마리 토끼를 모두 잡을 수 있다는 말입니다. 이런 이야기를 하는 성우들은 주로 주부를 본업으로 보고, 성우 일을 부업으로 하고 있는 건지도 모르겠어요. 그런 관점이라면 성우는 최고의 부업이라는 말이 되지요.

성우는 시간 활용이 회사원들에 비해 자유로운 만큼, 일이 없는 자투리 시간이나 여가 시간에 대한 생각이 많을 수밖에 없어요. 작게는 일과 일 사이의 비는 시간을 어떻게 좀 더 보람차게 보낼 것인가 하는 고민, 크게는 여유 시간을 이용해 달리 할 수 있는 일이 없을까 하는 고민까지. 이런 이유로 활발한 취미 생활을 하는 성우도 있고, 투잡을 하는 성우도 많이 있습니다. 카페나 주점 같은 가게를 내기도 하고, 녹음실을 차려서 운영하거나, 성우 학원을 운영하는 경우도 있죠.

다만, 전속기간에는 방송국에 매인 신분인 만큼 물리적으로나 심적으로 투잡은 쉽지 않겠네요.

따르릉 따르릉 섭외전화 왔어요

성우들과 나눈 대화 중 굉장히 기억에 남는 것이 있어요. TV를 틀기만 하면 본인 음성의 광고 멘트가 나올 정도로 한창 잘 나가는 성우였는데요. 인터뷰 자리가 아니었기에 "요즘 엄청 바쁘신 것 같던데 좋으시겠어요?"라고 편하게 이야기를 건넸지요. 그런데 뜻밖의 대답이 돌아왔습니다. "좋기는요. 며칠 전에도 스트레스로 장염에 걸려서 얼마나 고생했는데요." 진심으로 의아해서 그렇게 잘나가는데 왜 스트레스를 받느냐 되물었더니, 프리랜서의 습성상 섭외 전화가 하루만 걸려오지 않아도 불안해지기 시작한다더군요. 생각지도 못했던 말이라 아직도 기억에 생생하게 남아 있어요.

그렇습니다. 방송국에 소속되어 있는 전속성우들을 제외한 성우들은 모두 프리랜서에요. 이들이 업무 의뢰를 받는 방식은 여느 프리랜서와 다를 것이 없습니다. 자신의 목소리를 필요로 하는 의뢰인의 전화 연락을 기다리는 것이죠.

방송국이나 사설 녹음실처럼 성우들과 꾸준히 일해온 곳은 원하는 성우에게 직접 전화 연락을 해서 의뢰를 합니다. 성우를 잘 모르는 일반 업체, 게임 개발사를 비롯한 콘텐츠 제작자들은 녹음실이나 에이전시 등을 통해 간접적으로 의뢰를 하고요. 콘텐츠에 따라 성우 오디션을 하는 경우도 있지요. 대개 예상할 수 있는 수준에서 업무 의뢰가 이뤄집니다.

물론 주변 지인을 통해 지극히 개인적으로 의뢰가 이뤄지기도 하죠. 저도 주변의 부탁을 받아 몇 차례 성우 캐스팅 의뢰를 도운 적이 있습니다. 캐스팅을 도와드리고 콘서트 티켓을 선물로 받은 적도 있지요.

성우 에이전시의 가능성

배우나 가수, 스포츠 스타는 에이전시에 소속되어 활동합니다. 그러면 성우는 어떨까요? 성우도 스케줄을 관리하고 일을 받아주는 에이전시가 있을까요? 성우와 에이전시의 관계를 살펴보기 전에 먼저 에이전시에 대한 개념부터 알아봅시다. 에이전시는 소속된 사람을 대신해 일을 받아주고, 스케줄 및 제반 관리를 도맡아 해주는 매니지먼트 회사를 말해요. 일반적으로 연예인 소속사를 말하지요.

엇비슷한 회사가 아주 없는 것은 아니지만, 기본적으로 성우들은 에이전시가 없습니다. 소속사는커녕 매니저도 없죠. 성우 매니지먼트에 대한 시도가 전혀 없었던 것은 아니지만, 대개 제대로 자리 잡지 못한 채 흐지부지 사라지고 말았고요.

여기에는 여러 가지 원인이 있어요. 가장 큰 이유는 폐쇄적인 업계 환경과 비용 문제입니다. 무슨 말인지 잘 모르겠다고요? 알기 쉽게 풀어서 설명해볼게요.

일본 성우 업계에는 우리나라와 달리 에이전시가 있습니다. 일본 성우와 우리나라 성우가 뭐가 달라서 일본에는 에이전시가 있는데 우리나라에는 없는 걸까요? 일본과 우리나라 성우 업계의 차이점을 살펴보면 저절로 알 수 있지 않을까요?

먼저 일본 성우는 데뷔 방식부터 우리나라와는 차이가 있습니다. 방송국 공채라는 유일하고도 좁은 문을 통과해야하는 우리나라와는 달리, 일본에서는 누구나 배역만 맡으면 성우로 데뷔할 수 있습니다. 성우가 되는 길이 그야말로 다양하게 열려 있는 셈이죠. 성우만을 바라보고 준비해서 성우가 되는 경우도 있지만, 탤런트나 연극 배우가 성우가 되기도 하고, 모델이나 가수가 성우가 되기도 합니다. 어린이 성우로 시작해 어른이 되어서까지 성우로 왕성한 활동을 하는 경우도 있어요.

상황이 이렇다 보니 일본 성우의 소속사는 성우 전문 매니지먼트 회사부터 연예인 기획사, 모델 에이전시, 극단까지 다양합니다. 덕분에 소속사의 수도, 거기에 소속된 성우의 수도 상상 이상이지요. 또 다양한 이력의 성우들이 활동하다 보니 자연스레 성우의 영역에도 별다른 제한이 없고요. 능력만 되면 음반을 내서 가수 활동을 하고, 뮤지컬이나 TV 드라마, 연극에서 연기자로 활동을 하기도 합니다. 리포터, 라디오 DJ로서도 활약하고요. 그러다 보니 소속사의 역량(기획력, 자본력, 홍보 및 마케팅 능력 등)에 활동이 크게 좌우되죠. 우리나라 연예인 소속사도 업계에서 소위 '끗발'이 있는 회사들은 소속 연예인들을 여러 방송에 꽂을 수 있는 것처럼 말이에요.

여기까지 들으니 일본 성우가 연예인 못지않게 화려해 보이나요? 하지만 성우 본연의 작업인 음성 녹음만으로는 우리나라 성우와 비교해도 벌이가 대단치 않아요. 다만 일본 성우 업계는 녹음 일 외에 성우들의 부가 가치를 창출할 충분한 조건을 갖춘 시장입니다. 덕분에 많은 부외 수입을 기대할 수 있죠. 이를 뒷받침하고 끌어주는 것이 에이전시의 역할이고요.

자, 그럼 이제 우리나라에 성우 에이전시가 없는 이유를 살펴볼까요? 일단 우리나라 성우 업계는 에이전시가 영향력을 미칠 만한 시장이 형성되어 있지 않아요. 에이전시가 없어도 폐쇄적이고 루틴한 일이 대부분인 현 성우 시장에서 굳이 소속사나 매니저를 둬서 수입을 나눌 필요성을 그 누구도 느끼지 못하는 것이죠. 대신 전속 개념은 아니지만, 일을 중계해주고 중간에서 얼마간의 수수료를 받는 소극적인 개념의 에이전시 업무를 하는 업체는 존재합니다. 현재로선 이 정도가 고작이죠.

또 우리나라 성우들의 수입이 너무나 빤한 것이 에이전시가 없는 이유입니다. 회사 입장에서 성우를 매니지먼트 하는 것은 다른 연예인을 매니지먼트 하는 일에 비해 사업성이 떨어진다는 것이죠. 회사 입장에서는 소속 연예인으로 벌어들일 수 있는 수입이 크거나, 커질 거라는 기대감이 있어야 영입을 할 텐데 현재로선 성우 매니지먼트로 부가적인 수입 창출을 위한 다른 영역이나 새로운 사업으로의 확장 가능성이 많이 부족해요. 하지만 우리나라에도 에이전

성우 서유리

대원방송 공채 성우 1기. 성우가 되기 전부터 코스튬플레이어, 게임 캐릭터 걸, 인터넷 라디오 DJ, 행사 MC 등 다양한 활동을 펼친 바 있으며, 성우가 된 뒤에도 TV에 모습을 비추기 시작하면서 현재는 일반적으로 알려진 성우의 영역을 뛰어넘어 어엿한 방송인으로서 활동하고 있습니다.

시를 두고매니지먼트를 받는 성우가 있습니다. TV나 영화로 활동 영역을 넓힌 서유리 성우나 장광 성우 같은 경우인데요. 요는 환경만 갖춰진다면 성우도 에이전시를 두고 활동할 수 있다는 뜻입니다.

성우 에이전시는 시대의 흐름을 따르다 보면 언젠가 자연스레 이뤄지지 않을까 조심스레 예측해봅니다. 당장은 아니더라도 에이전시의 필요성을 느끼는 성우도 많고, 어느 분야든 갈수록 영역 파괴가 이뤄지고 있는 시대니까요. 실제로 젊은 성우들일수록 새로운 영역으로의 진출에 관심이 많은 경향도 보이고요. 현재로선 시사[*]하고 녹음하는 성우 일에만 전념하고 싶어도, 일을 받기 위한 영업은 물론 의뢰 전화를 받고 동선을 고려해 업무 일정을 짜는 것, 심지어 개런티 논의까지 모두 성우 본인의 몫이지만, 기반 환경만 갖춰진다면 국내에도 성우 에이전시 시장이 형성될 수 있지 않을까요?

★ 시사(하다): 더빙할 작품의 화면이나 대본을 미리 체크해보는 것을 말합니다. 성우들이 녹음 전에 녹음할 작품을 '예습'하는 것이라고 할 수 있죠.

선택 받기를 기다리기보다 직접 성우 콘텐츠 제작에 나선 사운디스트 대표, 성우 김승준

사운디스트는 어떤 곳인가요?

'사운디스트'라는 말은 '소리에 관련된 사람'이라는 뜻으로, 성우와 관련된 일이 오기만을 기다리지 말고 스스로 새로운 일을 만들어보자는 취지에서 2014년 1월 2일에 만든 회사입니다. 사운디스트에서는 모두 세 가지 일을 하고 있는데, 첫째가 성우 학원 운영, 둘째가 성우 에이전시를 통한 매니지먼트, 셋째가 콘텐츠 제작입니다. 소속 지망생들이 어떤 성우가 될 것인가를 염두에 두고 성우 학원을 운영하면서 성우를 배출합니다. 그렇게 배출된 성우들의 활로를 열어주고 다듬어주는 에이전시를 통해 성우들을 매니지먼트하고, 에이전시 소속 성우들이 새로운 콘텐츠를 직접 기획하고 제작에 참여한다는 일련의 구조를 만들고 싶어서 여러 가지로 시도하고 있습니다.

콘텐츠 제작이라면 사운디스트 이전에 '뮤라마'라는 시도도 했던 것으로 알고 있습니다. 사운디스트에서 제작하고 있는 콘텐츠는 어떤 것들인가요?

콘텐츠 제작을 어떻게 사업화할 것인가에 대한 고민을 많이 하면서 여러 가지 콘텐츠를 기획하고 있습니다. 말씀하신 '뮤라마'는 뮤지컬에 라디오 드라마가 결합된 형태의, 새로운 콘텐츠 장르입니다. 2013년 말에 「천년을 그리다」라는 작품을 처음 선보였고 지금도 뮤라마 프로젝트는 진행 중입니다. 제가 성우 관련 콘텐츠의 기획과 제작을 하기에 앞서 고민을 많이 한 부분은, 배우나 연예인이 아니라 성우로서 대중에게 이름을 알리려면 어떻게 해야 할까였는데요. 성우와 관련된 일로 지명도를 높일 수 있는 게 뭐가 있을까 생각했을 때 가장 먼저 생각난 것이 오디오 드라마였습니다. 오디오 드라마는 성우만이 할 수 있는 영역이니까요.

과거에는 활발한 홍보 없이 '무대'를 흥행시키는 것이 불가능했습니다. 하지만 지금은 인터넷이나 SNS를 통해 돈을 들여 홍보를 하지 않아도 청취자들이 쉽게 정보를 접하고 다가올 수 있어요. 예전엔 라디오라는 고정 채널이 반드시 필요했지만 지금과 같은 모바일 시대에는 접근 시간이나 방법이 훨씬 쉽죠. 그렇기 때문에 모바일 오디오 드라마가 충분히 가능성이 있다고 보고 제작에 힘을 쏟고 있습니다.

먼저 그런 콘텐츠를 만들고, 콘텐츠의 지명도가 높아지면 출연 성우들이 굳이 배우로서 TV 드라마나 예능에 나가지 않아도 성우 자체의 일만으로도 지명도가 높아질 수 있을 거라는 생각을 했습니다. 오디오 드라마를 차곡차곡 만들어 모바일화 해나가면 차차 지명도를 높여갈 수 있을 겁니다. 당장은 아무리 대중적인 걸 만들어도 일반인 유저가 듣지 않기 때문에 일단은 성우 팬 층을 대상으로 확고한 틀을 만들고자 합니다.

구상하고 계신 성우 에이전시는 기존의 모델이나 배우 에이전시 같은 것인가요?

현실적으로 모델이나 배우 에이전시처럼 운영하기도 어려울뿐더러 그렇게 하고 싶지도 않습니다. 실제로 외부에서 성우가 에이전시가 있다고 하면 의아해 하는 반응이 많고요. 저는 성우 입장에서 시작한 일이기 때문에 목표하는 바가 다르다고 생각합니다. 제가 하고 싶은 에이전시는 소속 성우들에게 제가 성우 생활을 하며 얻은 노하우를 알려주고 동시에 재교육을 실시하여 기본적인 성우 일을 하는 데에 도움이 되면서 제가 제작하는 콘텐츠에 적합한 연기를 할 수 있는 역량을 키우는 게 목표입니다. 사실 요즘처럼 2년 만에 프리랜서가 돼서는 성우로서 자리잡기가 쉽지 않습니다. 예전엔 신인에게

기회를 많이 주기도 했지만 지금은 한 번의 기회를 성공시키지 못하면 거의 끝이라고 봐야 하죠. 그래서 끼 많고, 능력도 많지만, 경험이 부족해서 막상 기회가 왔을 때 잘하지 못하는 친구들이 있습니다. 에이전시를 통해 경험 부족으로 인한 미숙한 부분을 보완할 수 있도록 재교육하고, 소속 성우들이 자신의 일에만 집중할 수 있게 만들고 싶습니다. 그래서 성우가 즐겁게 일할 수 있는 환경을 만드는 것이 목표입니다. 성우로서 박수칠 때 떠나고 싶은 맘도 있었지만 그동안 혜택을 많이 받으며 살아온 성우로서 후배들을 위한 길도 만들어놔야지 않나 하는 생각이 들었습니다.

현재 성우 일거리가 줄었다고 보는 입장과 매체가 다양해지면서 늘었다고 보는 입장이 있는데, 이 부분은 어떻게 생각하시는지요?

만약 제가 한복을 입던 사람인데 외세에 의해 양복을 입어야 하는 상황이라고 할 때 그걸 말세라고 생각하는 사람이 있고, 변화에 순응해야 한다고 생각하는 사람이 있을 겁니다. 어떤 생각이 맞는지는 개인의 선택에 달려 있어요. 중요한 건 매체가 변하고 있고, 성우의 일은 매체의 다변화를 통해 보충할 수 있을 거라는 점입니다. 물론 일이 주어지길 기다리던 성우들이 일을 스스로 찾아서 한다는 것이 쉬운 일은 아닙니다. 하지만 스스로 일을 찾아 하게 된다면 시장에

양질의 콘텐츠가 지금보다 더 많아지지 않을까요?

저희 회사의 목표는 모바일 앱으로 월화 드라마, 수목 드라마, 주말 드라마, 단막극…, 이런 콘텐츠를 지속적으로 만드는 것입니다. 움직인 만큼 일이 나온다는 보장이 없고, 마이너스가 날 수도 있는 것이 사업이지만 잘 될 수 있다는 믿음이 있으니 차곡차곡 콘텐츠를 쌓아가면 좋은 결과가 있으리라 기대합니다.

실패는 잊어라

그러나 그것이 준 교훈은 절대 잊으면 안 된다

★ 버트 개서 ★

★ 일곱 번째 목소리 ★
성우
표류기

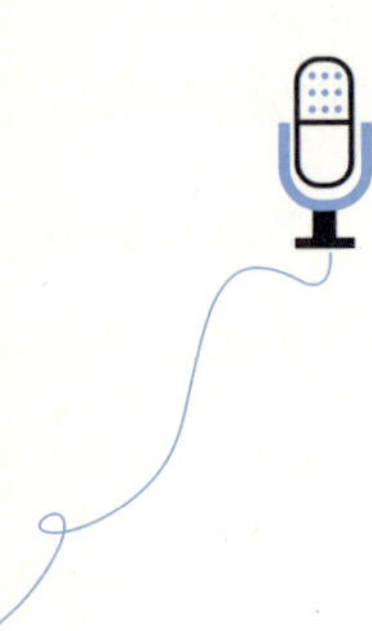

슬럼프라는 늪을 잘 건너가는 법

모든 프리랜서 직업이 그렇겠지만 성우는 자기 관리가 정말 중요한 직업이에요. 특히 전속 생활을 마치고 갓 프리랜서가 된 성우들은 스트레스를 심하게 받을 수 있습니다. 생활이 불규칙해지는데다 일을 하기 위해 누군가의 연락을 기다려야 한다는 수동적인 입장, 밀폐된 공간에서의 반복적인 작업, 또 자신의 연기가 평가 받고 그것이 일거리로 직결된다는 책임감과 부담감이 상당하기 때문이죠. 과도한 스트레스는 장염이나 갑상선 이상, 비만 등 건강에도 악영향을 미치기 때문에 몸의 건강을 챙기는 것만큼 정신 건강을 챙기는 것 또한 굉장히 중요합니다.

많은 성우들이 갓 프리랜서가 되고 나서 남는 시간을 주체하지 못해 힘들어 합니다. 일이 없어 하루만 집에서 쉬어도, 며칠만 외부에서 의뢰 전화가 안 와도 '난 잊혀진 건가?' 하며 불안과 초조함에 시달린다고 해요. 이럴 때 필요한 것은 상황을 좀 더 여유롭고 긍정적으로 볼 수 있는 마인드 컨트롤이죠.

또 이런 프리랜서 초기의 위기를 잘 극복한 뒤, 본격적으로 프리랜서성우의 생활이 일상이 되면 그때부터 경계해야 할 것은 매너리즘과 슬럼프입니다. 대본을 받고 마이크 앞에서 녹음하는 일을 수없이 반복해서 이골이 난 성우들은 방심하는 순간, 슬럼프에 빠지거나 타성에 젖기 쉬워요. 기술적으로는 노련하지만 속된 말로 '영혼 없는' 습관적인 연기를 하게 된다는 건데요. 이를 스스로 깨닫지 못하는 것을 가장 경계해야 합니다. 누구나 슬럼프나 매너리즘에 빠질 수 있는 것이니 성우라고 해서 극복하는 방법이 따로 있는 건 아닙니다. 사람에 따라 종교에 매달릴 수도 있고, 여행이나 휴식으로 기분 전환을 할 수도 있겠죠. 스스로 매너리즘에 빠졌다는 자각이 있다면 평소 하던 일도 '정신 차리고 하자!'고 의식하는 것만으로도 많은 부분을 극복할 수 있을 거예요.

경쟁력을 갖춘 성우가 되고 싶어요

성우는 바늘구멍 같은 공채 시험만 통과하면 끝이라고 생각하기 쉬워요. 하지만 많은 성우들이 이야기하죠. "끝? 훗, 시험을 통과하고 부터가 시작이라고!" 힘든 과정을 거쳐 성우가 됐지만, 성우가 된 순간부터 살아남기 위한 노력을 해야 합니다. 성우가 되고 난 후 즐겁게 일을 하면서 만족할 만큼 돈을 벌 수 있는 사람은 전체 성우 중 몇 퍼센트 되지 않거든요.

성우의 일은 대부분 그 자체가 콘텐츠로 성립하는 경우보다는 음성 더빙이나 내레이션 등 특정 콘텐츠의 일부를 구성하는 경우가 많아요. 또 성우의 음성 자체가 콘텐츠가 된다 해도 성우 개인이 주체적으로 콘텐츠를 제작할 만한 여건이나 자본을 갖추고 있는 경우는 매우 드물지요. 그러다 보니 누군가에게 의뢰가 들어오기를 기다리는, 수동적인 입장에 놓이게 되는 것입니다. 하지만 손 놓고 기다린다고 찾아주는 사람이 생기는 건 아닙니다. 일거리를 받기 위해 성우들이 직접 자신을 계속 어필해야 하는 것이죠. 이른바 '영업' 말입니다.

배우나 가수들처럼 소속사가 있는 경우는 소속사에서 이런 '영업'을 대신해줄 수 있지만, 소속사가 없는 성우들에게 영업은 모두 성우 개개인의 몫입니다. 성우들의 영업은 크게 실력적인 측면과 인성적인 측면으로 나눠볼 수 있을 텐데요. 인간관계를 관리하는 것에서부터 자신의 외모를 가꾸는 일에 이르기까지 다양한 방법으로 이뤄집니다.

실력으로 어필

애니메이션 잡지 기자 시절에 들었던 어느 PD의 말이 생각나요. "쓰는 사람만 자꾸 쓰게 되는 이유가 있다. 귀찮아서가 아니라 (연기를) 하던 사람이 잘한다."

발레를 소재로 한 애니메이션 「프린세스 츄츄」에도 이런 대사가 나옵니다. "발레 연습을 하루 쉬면 내가 알고, 이틀 쉬면 선생님이 알고, 삼 일 쉬면 관객이 안다." 즉 일이 많아서 녹음을 많이 하고 다니는 성우일수록 실력이 좋고, 일이 없어서 쉬다가 오랜만에 나오는 성우는 상대적으로 감도 떨어지고 같은 녹음을 해도 시간이 오래 걸리거나, 기대하는 최상의 능력을 내기 어려울 수 있다는 이야기였습니다. 물론 PD마다 생각이 다를 수 있고, "왜 만날 쓰는 사람만 쓰냐"는 주위의 핀잔에 대한 단순한 변명일 수도 있어요. 그럼에도 이 말 속에 담긴 의미는 생각해볼 필요가 있습니다.

성우의 가장 큰 영업은 실력이라고 생각합니다. 즉, 일이 주어질 때마다 최선을 다해 양질의 결과물을 사람들 앞에 내놓는 것이지요. 성우의 연기를 접하는 것은 결국 시청자이지만, PD도, 동료 성우도 시청자일 수 있으니까요. 특히 선배 성우가 후배 성우에게 일을 소개해주는 경우가 적지 않은 이 바닥에서, 같은 후배라도 잘하는 후배가 더 예뻐 보이고, 그런 예쁜 후배한테 일 한 번 더 소개해주는 것은 당연한 일이지 않을까요?

그렇기 때문에 사람들에게 인정받는 실력이야말로 성우에게는 최고의 홍보수단이 됩니다. 아무리 영업을 잘해도 실력이 받쳐주지 않으면 프로로서 일을 해나가는 데에 한계가 있을 수밖에 없지요. 그러나 실력이 출중하다면, 별다른 영업 행위 없이도 좋은 기회가 찾아올 거라는 생각이 들어요.

인간관계 관리

사회생활을 잘 하려면 누구나 인간관계를 잘 유지해야 합니다. 사람은 서로 도움을 주고받으며 살아가는 사회적 동물인 만큼 혼자서 살아갈 수 없으니까요. 그리고 사람들끼리 같이 일을 하면서 좀 더 친한 사람이나 호감이 가는 사람에게 상대적으로 신경을 더 쓰게 되는 것은 인지상정이고요.

성우는 많은 사람과 관계를 맺고 일하는 직업입니다. PD나 엔지니어와 같은 방송국 직원들, 녹음실 스태프들은 물론, 함께 녹음하는 성우 선후배 등등. 여러 사람이 함께 작업하는 만큼 시간 약속을 잘 지키는 것, 인사성이 밝은 것, 예의를 잘 지키는 것, 성실하게 작업에 임하는 것 모두 성우에게는 굉장히 중요한 덕목이지요. 또, 말을 곱게 한다든지, 외모를 가꾼다든지, 과하지 않고 센스 있는 선물을 한다든지, 인간적으로 상대에게 호감을 줄 수 있는 모든 행동이 성우로서 일하는 데 도움이 됩니다.

같은 값이면 다홍치마라고 성우들의 실력이 엇비슷하다면 당연히 캐스팅 하는 사람은 자신과 보다 친한 사람, 좋아하는 사람을 선택하고 싶겠죠. 익숙하고 친한 만큼 작업하기도 편할 테니까요.

앞서 선배 성우가 후배 성우에게 일을 소개해줄 때를 다시 한 번 생각해보세요. 이왕이면 실력이 좋은 후배에게 일거리를 소개할 거라고 했지요. 그런데 실력에 별 차이가 없다면 당연히 더 친한 사람에게 일을 소개시켜주겠지요.

하물며 저 역시 그랬는걸요. 잡지 기자 생활을 하던 당시, 친구가 해외 가수의 내한 콘서트 스팟을 녹음할 사람이 필요하다며 성우를 소개해달라고 했던 적이 있습니다. 다른 조건은 없고, 그냥 멘트가 좀 기니까 시간 안에 빨리 다 말할 수 있는 사람이면 된다더군요. 제 생각에 멘트 길이 맞추는 것쯤이야 아무 성우나 붙잡고 시켜도 다 잘할 것 같았죠. 한마디로 성우면 누구나 상관없다고 이해한 저는 당연히 제가 좋아하는 성우에게 먼저 전화를 했습니다. 그리고 덕분에 당시 제가 좋아하던 성우와 콘서트를 같이 보는 호사를 누릴 수 있었죠.

자신만의 특화된 무기

성우로서 경쟁력을 가질 수 있는 또 다른 요건, 바로 자신만의 특화된 무기입니다. 총알이 발사되는 목소리? 이런 게 아니고요. 가창력

일 수도 있고, 외국어 능력일 수도 있어요. 배우 뺨치게 빼어난 외모일 수도 있고요. 실로 다양하지요. 성우시험을 볼 때 심사위원들이 장기자랑을 요구하는 것은 바로 이 개개인의 특화된 무언가를 보고 싶기 때문 아닐까요?

이를 테면 외국어 어학 교재를 녹음할 때, 해당 언어를 할 줄 아는 성우가 있다면 그 언어를 모르는 사람보다는 필연적으로 더 높은 퀄리티의 작업이 가능하겠죠?

이용신 성우가 전속 시절부터 일찌감치 주인공 역할을 맡을 수 있었던 것은 CM송 가수 출신이라 노래를 잘 부른다고 알려져 있었기 때문이에요. 그 작품이 바로 극 중 주인공이 가수로 나오는 「달빛천사」였죠. 이 작품의 경우 일본 원작에서는 주인공을 연기하는 성우와 극 중 주인공이 부르는 노래의 보컬이 다른 사람이었어요. 하지만 국내에서는 이용신 성우가 주인공인 루나의 목소리와 노래를 모

성우 이용신

1975년 2월 27일생. 투니버스 5기 성우. 노래하는 성우로 유명합니다. 애니메이션 〈달빛천사〉의 주인공 루나 역을 맡아 극중 오프닝, 엔딩, 삽입곡을 도맡았고, 이후 다수의 애니메이션에 출연해 애니메이션 주제가를 부르기도 했습니다. 한국 성우 최초로 음반을 발매하기도 했죠.

두 많았습니다. 이렇듯 무언가 자신만의 특화된 재주가 있다면 그것을 통해 보다 많은 기회를 얻을 여지가 생길 수 있어요.

목 건강을 지켜라!

성우에게 목 상태는 녹음 결과물과 직결될 수밖에 없는 만큼 매우 중요합니다. 그러다 보니 많은 성우들이 목 관리에 유난히 신경을 쓰지요. 목에 좋다는 도라지 달인 물이나 배즙을 마시기도 하고, 천연 항생제로 알려져 목의 염증 등에 효과가 있다는 프로폴리스[*]를 항상 소지하고 틈틈이 사용하기도 하고요. 또 너무나 당연하지만 술, 담배를 멀리하는 것도 목 건강에 엄청난 도움이 됩니다.

특히 성우는 감기에라도 걸려 목소리가 바뀌면 생업을 중단할 수밖에 없기 때문에 감기 예방에 총력을 기울입니다. 환절기 때마다 예방주사를 맞는다거나 손을 자주 씻어 위생에 신경을 써야 하지요. 또 매일 비타민을 챙겨 먹고, 꾸준한 운동을 통해 면역력을 기르는 등의 노력이 바로 그렇습니다. 그럼에도 감기에 걸린다면 어떻

---

[*] 프로폴리스는 나무, 풀, 꽃에서 나오는 수지에 꿀벌의 침과 분비물 등을 섞어 만든 것으로, 각종 균으로부터 면역력을 높여줍니다. (출처: 네이버 지식백과)

게든 빨리 낫는 것이 중요한데요. 감기로 일을 쉬는 기간이 길어질수록 수입이 줄어드는 것은 물론이고, 녹음 스케줄 조정으로 같이 일하는 동료 성우들이나 스태프들에게 폐를 끼치거나 심지어는 방송 스케줄에도 영향을 줄 수 있으니까요. 따라서 평소에 목에 좋은 음식을 먹고, 잠잘 때에는 가습기를 틀어 습도 조절에 신경을 써야 합니다. 목을 늘 따뜻하게 하기 위해 스카프를 두르고, 마스크를 하는 등 다양한 노력도 필요하지요.

감기 외에도 성우에게 치명적일 수 있는 역류성 식도염을 앓고 있다는 정재헌 성우는 음식을 먹고 나면 목이 잠기고 원하는 대로 소리가 나지 않는다고 해요. 때문에 녹음이 있으면 최소 3시간 전에 먹어두거나 굶고 녹음을 한다고 합니다. 그렇게 해야 녹음에 지장이 없는 탓에 예전에는 굶는 일이 많았다고 하네요. 지금은 1일 1

성우 정재헌

1975년 4월 18일생. MBC 공채 성우 16기. 애니메이션 「너에게 닿기를」의 카제하야 쇼타 역, 「천원돌파 그렌라간」의 시몬 역 등을 맡은 바 있는 미성의 소유자로, SNS를 통한 팬들과의 교류에도 적극적이어서 국내에 독보적인 팬덤을 자랑하고 있습니다. 현재 라디오 DJ, 가수로도 도전하는 등 성우의 활동 영역 확장에 앞장서고 있는 인기 성우 중 한 명입니다.

식(저녁)으로 생활 패턴을 바꿔 문제가 없다고 하는데요. "얘(역류성 식도염)는 내 평생 친구다" 하는 마음으로 남들보다 더 목 관리에 노력을 기울인다고 합니다. 그래서 평소 목에 좋다는 도라지와 한약재인 맥문동, 오미자를 같이 우린 물을 가지고 다니면서 마시기도 하고, 프로폴리스도 많이 쓴다고 해요. 프로폴리스는 분사형과 알약 형태가 있는데, 너무 많이 쓰면 내성이 생긴다고 하니 꼭 필요할 때만 쓰는 게 좋다고 합니다.

성우를 덮치는 두 차례의 위기

"내가 예언하나 하지. 성우가 되고 나면 자네에게 두 번의 위기가 찾아올 거야. 첫 번째는 전속이 풀렸을 때, 두 번째는 A급 성우가 됐을 때야."

방송국의 공채 시험에 합격해 전속성우로 지내다가 정해진 기간이 끝나면 프리랜서성우가 된다고 했죠. 이를 '전속이 풀리다' 또는 '프리로 풀리다'라고 말하는데요. 이렇게 프리랜서성우가 된 첫 해에 많은 성우들이 막막한 심정을 느낀다고 합니다. 그 이유는 아무래도 심리적인 면이 클 텐데요. 전속성우일 때는 일이 있든 없든 정해진 시간에 출퇴근을 했고, 같은 처지의 동료들을 매일 보며 이야기를 나누고, 기본적으로 주어지는 일도 있었죠. 하지만 프리랜서 성우가 되는 순간 홀로 세상에 내던져진 느낌이 드는 겁니다. 방송국의 구속은 없어지지만, 방송국에서 고정적으로 보장하던 일거리도 사라지는 것이죠. 어디서 전화가 오나 안 오나 매일 전화기만 들여다보고 있기 십상이라고 해요. 많은 성우들은 이 시기를 잘 넘겨야 한다고 강조합니다.

그리고 성우 생활 만 10년이 되어 A급 성우가 되면 자신의 의지와 상관없이 몸값이 오르면서 자연스레 방송국에서의 일거리가 상당수 끊어진다고 합니다. 하지만 사실 A급 성우와 B급 성우를 구별하는 건 등급별로 출연료가 정해져 있는 방송국에서나 해당되는 이야기고 외부 일에서는 큰 의미가 없긴 해요. 방송국 일이 줄고 있는 요즘에는 A급 성우가 됐을 때 위기가 찾아온다는 말은 옛날이야기일 수도 있겠네요.

성우의 두 차례 위기설을 조금 다른 시각으로 보는 성우들도 있습니다. 김승준 성우는 진정한 위기는 경쟁력을 잃은 때라고 말합니다. 동시에 사람들이 위기라고 말하는 때, 즉 처음 후배가 들어왔을 때, 프리랜서가 됐을 때, 그리고 A급 성우가 됐을 때 자신의 연기력이 일취월장했다고도 말하지요. 본인이 원했든 원하지 않았든 단계가 올라갈 때마다 '전속보다는 잘 해야 하지 않나?', '후배보다는 잘 해야지' 하는 압박감과 책임감에 그때마다 스스로 노력을 많이 했기 때문이라고 하더군요.

위기(危機)는 위험(危險)과 기회(機會)라는 말이 있죠. 바라보기에 따라 단순한 위험으로 느껴질 수도 있지만, 준비된 사람에게는 위기가 기회로 다가올 수 있다는 말이에요. 적어도 성우들에게 위의 시기들이 성우 인생의 전기(轉機)가 될 수 있을 거라는 생각이 듭니다.

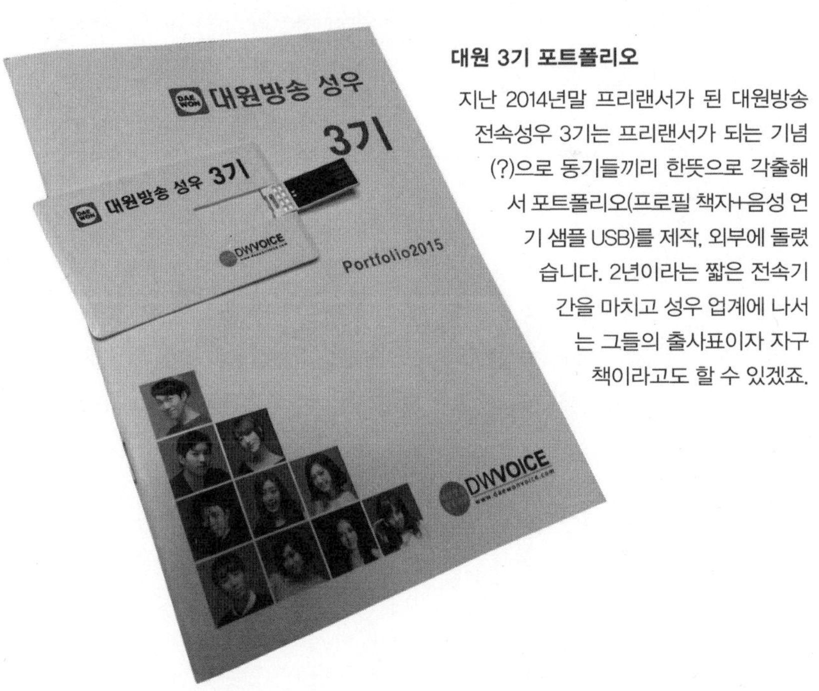

대원 3기 포트폴리오

지난 2014년말 프리랜서가 된 대원방송 전속성우 3기는 프리랜서가 되는 기념(?)으로 동기들끼리 한뜻으로 각출해서 포트폴리오(프로필 책자+음성 연기 샘플 USB)를 제작, 외부에 돌렸습니다. 2년이라는 짧은 전속기간을 마치고 성우 업계에 나서는 그들의 출사표이자 자구책이라고도 할 수 있겠죠.

성우 업계 용어

방송국 공채 시험에 합격하고 전속 성우가 되어 대망의 첫 녹음 날! "OO씨, 입길이 맞춰주세요"라는 PD님의 말에 애꿎은 입술만 괴롭히는 친구들은 없겠죠? 아이고, 괜히 이런 이야기를 꺼내서 불안하다고요?

여러분을 위해 성우 업계에서 자주 쓰는 용어를 정리해봤습니다. 가볍게 읽어보세요.

따다

여럿이서 같이 녹음하는 작품의 경우, 한 명만 따로 녹음하는 것을 '딴다'고 표현합니다. 다 같이 모여 녹음하면서 등장인물의 대사가 겹치는 경우에 '따고' 가기도 하고, 스케줄 문제로 부득이하게 다른 성우들과 같이 녹음하는 일이 불가능해서 혼자 녹음하는 것 역시 '딴다'고 표현합니다.

"이 대사 먼저 따고 갈게요."

모니터(하다)

성우들이 녹음한 결과물을 방송에서 확인하는 일을 말합니다.

시사(하다)

더빙할 작품의 화면이나 대본을 미리 체크해보는 것을 말합니다. 성우들이 녹음 전에 녹음할 작품을 '예습'하는 것이라고 할 수 있죠.

온 · 오프

마이크에 대고 말하는 것을 온, 소리가 마이크에서 비껴가게 고개를 돌려 말하거나 마이크와 거리를 두고 마이크 바깥쪽을 향해 말하는 것을 오프라고 합니다. 오프로 말하면 멀리서 말하는 듯한 거리감을 나타낼 수 있죠.

"온·오프를 살리다.", "오프로 하다."

옵티컬

옵티컬(optical)의 사전적인 의미는 '시각적인'이라는 뜻입니다. 하지만 성우 업계에서 '옵티컬'이라 하면, '외국어 원음'을 말합니다. 예를 들어, 일본 애니메이션의 경우, 일본 성우가 녹음한 일본어 음성을 '옵티컬'이라고 합니다.

입길이

더빙을 할 때, 화면의 인물이 입을 움직이기 시작할 때부터 끝날 때까지를 말합니다. 입길이에 맞춰 주어진 대사를 말해야 실제로 화면 속의 인물이 말하는 것 같으니까요. 실제로 녹음 현장에서 빈번히 사용하는 용어입니다.

"입길이 좀 맞춰주세요."

쪼

잘못된 연습이나 버릇으로 인해 생기는 특이한 발음이나 억양 등을 말합니다. 일상적이지 않은, 다소 과장된 말투나 억양 등이 저도 모르게 습관이 되었을 때 쓰는 용어입니다.

"쪼가 생겼다."

콜

성우 공채 시험에서 연기를 했을 때 다른 지문 연기를 추가로 요청 받는 것을 말합니다.

"처음으로 콜을 받았다."

후시녹음

흔히 '더빙'과 같은 뜻으로 씁니다. 화면이 완성된 상태에서 화면에 맞춰 음성을 입히는 방식의 녹음을 말하죠. 외화나 해외 애니메이션을 우리나라 말로 옮길 때의 녹음 방식은 모두 후시녹음입니다. 반대로 음성부터 녹음하고 음성에 맞춰 그림을 그리는 경우도 드물게 있는데, 그런 경우는 '선녹음'이라고 합니다.

세상은 에너지 넘치는 사람들의 것이다 ★ 랄프 왈도 에머슨 ★
운은 계획에서 비롯된다 ★ 브랜치 리키 ★

★ 8부 ★

변하는 세상,
변하는 성우들

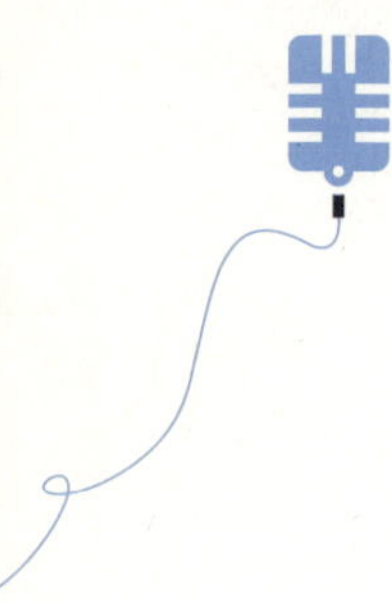

자막 방송과 성우의 입지는 반비례한다?

많은 성우들이 지금 성우 업계가 힘들다고 말합니다. 그들이 힘들다고 말하는 가장 큰 이유는 일거리가 줄었다는 것이지요. 실제로 지상파 TV에서 볼 수 있는 성우의 일거리는 십 수 년 전과 비교해도 현저히 줄었습니다. 외화 시리즈는 거의 찾아보기 힘들고, 애니메이션 방영 횟수도 현저히 줄었죠. 내레이션도 성우가 아닌 가수나 배우들이 맡는 경우가 늘었고요. 급기야 2015년 개편과 함께 45년간 이어져오던 KBS의 명화극장이 폐지되면서 성우 업계에는 위기의식이 팽배해졌습니다.

사실 TV에서 성우의 입지가 줄고 있는 것은 시대 흐름에 따른 변화라는 것을 많은 사람들이 인정하고 있습니다. 애초에 더빙이 됐든 내레이션이 됐든 말이라는 것에는 유행이 있지요. 막말로 1970

년대 방화 스타일로 더빙을 하거나 내레이션을 하는 것은 요즘 시대에 찾아볼 수 없잖아요. 즉, 그 시대 사람들이 원하는 말이 있는 것이죠. 그리고 지금 시대가 원하는 외화 더빙 스타일이 기존의 성우들이 해오던 외화 더빙 스타일과 달라진 탓일 수도 있겠지만, 이제는 극장에서 영화를 보고 자막에 익숙한 사람들이 원 배우의 오리지널 음성과 연기를 보고 듣고 싶어 하는 탓도 큰 것 같습니다. 이런 상황에서 오리지널 캐릭터와 좀 더 비슷하게 더빙하는 것이 정답이 될 수는 없겠지만, 더 이상 사람들이 원하는 더빙이 전과 같지 않다면 변화가 불가피하다는 것은 자명한 일이죠. 그렇기 때문에 성우들도 앞으로 나아가야 할 방향에 대해 내부적으로 많은 고민과 의견을 나누고 있다 해요.

조금 무거운 분위기가 됐나요? 하지만 모든 사람이 성우의 입지와 전망에 대해서 부정적으로만 생각하는 것은 아닙니다. 성우라는 직업이 생긴 이래로 성우가 주로 활동하는 영역과 매체는 라디오에서 방화, TV(외화, 애니메이션)로 계속해서 변화해왔지만, 성우 자체를 필요로 하지 않았던 적은 없습니다. 마찬가지로 지금도 매체가 변하는 과도기일 뿐 성우라는 직업이 사장되지는 않을 것이라는 생각이죠. TV 일이 줄어든 만큼 온라인 게임이나 모바일 등의 새로운 매체에서 성우를 필요로 하는 일이 생겨나고 있기 때문에 결국 큰 차이는 없다는 입장도 있거든요. 그리고 라디오 드라마가 쇠했지만,

지금은 오디오 드라마라는 이름의 콘텐츠가 생겨나면서 마니아 시장이 새로이 형성되고 있기도 하고요.

매체의 변화 및 다양한 이유로 현재 성우 업계가 위기에 봉착했다고 느껴질 수 있습니다. 하지만 동시에 변화에 적응하고 움직여나가기에 가장 적절한 시기일 수도 있지 않을까요? 아까도 말했잖아요. 위기는 곧 위험과 기회라는 뜻을 포함하고 있다고요!

성우라는 직업의 보이지 않는 가치

앞서 성우의 입지가 줄어들어 추후 전망에 대해 우려의 목소리가 많다는 이야기를 했어요. 하지만 여전히 성우를 지망하는 사람은 많고, 데뷔까지 투자하는 기간과 노력도 아이돌 가수 못지않지요. 성우가 되기 위해 투자하는 시간이 평균 3~5년, 길게는 10년까지 가기도 한다니까요. 왜 이렇게 많은 사람들이 성우라는 직업을 동경하는 걸까요?

이는 성우들의 직업 만족도가 높은 이유와도 통하는 부분이 있어요. 지난 2012년 한국고용정보원이 조사한 직업 만족도 조사에서 1위인 초등학교 교장 선생님에 이어 성우가 2위를 차지한 바 있습니다. 도대체 뭐가 그렇게 만족스러운 걸까요?

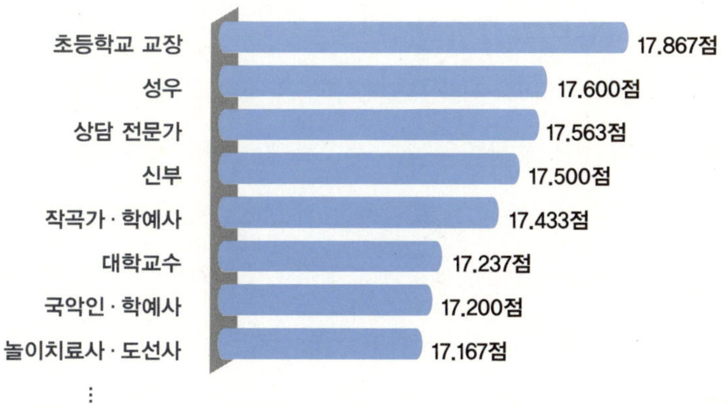

직업 만족도 순위

2010~2011년, 759개 직업 종사자 2만6천여 명을 대상으로 직업 만족도 설문을 실시한 결과 성우가 2위를 차지했어요. 지금은 어떨지 모르지만 가장 최근 시행한 조사에서 이런 결과를 차지하다니, 놀라운데요? (출처: 한국고용정보원)

생각해보면 만족도라는 데엔 절대적인 기준이 없는 것 같습니다. 조건이나 환경이 어떻든 본인이 만족하면 그만이니까요.

또 성우는 다른 연예인 직업군과 비교했을 때 돈이나 명예를 추구하는 사람보다는 정말로 성우를 하고 싶어서 하는 사람이 많은 것 같아요. 본인이 연기를 하고 싶어서 성우라는 직업을 꿈꾸는 것이지, 성우로서 유명해지겠다거나, 돈을 많이 벌겠다는 생각으로 성우를 지망하는 사람은 아직 만나보지 못했거든요. 유명해지고 싶다면, 돈을 많이 벌고 싶다면 성우 말고 더 쉽고 편한 길이 분명 있을 테니까요. 그런 만큼 한 번 다짐하고 성우 지망생의 세계에 발을 들여놓으면 포기하기가 쉽지 않습니다.

또 성우들은 직업적 자부심도 꽤나 높은 것 같은데요. 이는 단순히 수백 대 일의 높은 경쟁률을 뚫고 성우로 인정받았다는 이유 외에도 우리말을 가장 정확하게 잘 표현하는 전문가로서의 자부심, 시각 장애인들을 비롯한 방송소외계층에 도움을 주는 사회적인 역할과 책임을 감당한다는 면에서 직업적 보람을 많이 느끼는 듯합니다. 그저 생계를 위한 수단으로서의 직업이 아닌, 자아실현과 성취감, 보람을 느끼게 해주는 직업으로서의 성우는 가치 있고 매력적인 직업입니다.

멀티플레이어로 도약하는 성우들

김기현, 나문희, 사미자, 이수나, 전원주, 장광, 한석규…. 열거하고 보니 연배가 있는 배우들이라 어린 친구들은 잘 모를 수도 있을 것 같아요. 위에 적은 분들은 모두 성우 출신 배우들입니다. 최근에 눈에 띄는 성우 중에는 왕성한 방송 활동을 선보이고 있는 서유리 성우가 있지요.

근래에 들어 TV를 보고 있으면 '저 사람 원래 직업이 뭐더라?' 하고 헷갈리는 방송인들이 제법 눈에 띕니다. 개그맨이 노래를 부르기도 하고, 가수가 연기를 하기도 하고, 방송 업계에서는 이미 직업군의 영역 파괴가 진행되고 있습니다. 물론 각각의 분야가 전문성을 필요로 하기 때문에 한정적이기는 하지만 뜻이 있고 실력만 있다면 주어진 영역을 넘어 새로운 도전을 하는 것이 가능한 시대이죠. 성우들도 이러한 추세에 조금씩 영향을 받고 있는 것도 사실이고요.

기존에 성우의 고유 영역으로 받아들여지던 내레이션이나 더빙, CM에 참여하는 연예인들이 늘어나고 있기도 하지만, 반대로 노래하는 성우, 연기하는 성우 등 성우라는 타이틀에 연연하지 않고 엔터테이너로서 영역을 넓혀가고 있는 성우들도 있습니다. 성우들 중엔 의외로 내성적인 사람들도 많지만, 또 한편으로는 끼를 주체하지 못하는 성우들도 쉽게 찾아볼 수 있거든요. 듣기 좋은 음성, 정확한 발음, 안정된 연기력을 기본으로 갖추고 있는 성우들인 만큼 다른 분야로 진출하는 데 유리한 점도 많지 않을까 싶네요. 언뜻 생각할 수 있는 것만 해도 배우, 라디오 DJ, 리포터, 가수, MC 등등 정말 많아요.

자신이 가진 재능을 갈고 닦아 엔터테이너를 추구하는 성우들. 이러한 추세는 앞으로 더하면 더했지 덜하지는 않을 것 같습니다.

라디오극장 『소수의견』

라디오 드라마 대본은 어떻게 생겼을까요? 텍스트로만 이루어진 대본을 보고 성우들이 어떻게 연기를 하는지도 궁금하지 않나요? KBS 라디오 홈페이지에서는 라디오 드라마 다시듣기 서비스를 제공하고 있어요. 게다가 대본까지 확인할 수 있지요. 맛보기로 KBS3라디오, 라디오극장에서 방영했던 드라마 『소수의견』의 대본 일부를 공개합니다. 친구와 함께 연습을 해봐도 좋고, 홈페이지에 들어가서 성우들의 연기를 들으며 함께 읽어도 재미있겠죠?

소수의견(손아람 장편소설) ───────────────

서울 도심의 재개발 구역, 경찰과 철거민이 대치 중이던 낡은 건물에 별안간 경찰의 진압 개시된다. 철거민 소년을 구타하던 전경이 소년의 아버지 '박재호'에 의해 목숨을 잃는다. '나'는 박재호의 변호를 맡은 국선변호사이다. 국가기관의 방해와 약자에게 불리한 사법체계 속에서, '나'는 진실을 파헤치기 위해 고군분투한다. 국가의 시스템이 70년대 이후 얼마나 개발중심 산업 논리에 유리하게 작용해왔는지, 법 테두리 안에서 약자들의 진실이 어떻게 은폐되는지를 조명한 소설이다.

〈소수의견〉

원 작 손 아 람
극 본 오 금 숙
연 출 김 창 회

– 여덟 번째 –

출 연   **윤변호사** (남,37세) 미혼, 국선 변호사, 늦은 나이에 연수원을 졸업하고 어영부영 국선 변호사가 되어 맡은 박재호 사건을 통해 조금씩 성장해 간다. 인간적이며 정의나 법을 중시하는 이상주의자다. 준형에게 잘 보이고 싶어 하면서도 준형의 현실주의에는 반대한다.

준형 (여,29세) 미혼. 일간지 사회부 기자, 또랑또랑하고 의욕이 넘치는 현실주의자. 윤변을 도와주지만 결국은 법을 믿지 않고 자신의 생각대로 밀고 나간다. 윤변과 의견대립이 있기도 하지만 호감을 느낀다.

대석 (남, 43세) 기혼. 8년차 변호사, 학생운동을 하기도 했지만 사회에 나와선 그저 그런 변호사가 된다. 유머러스하고 달변이며 바람둥이 기질은 있지만 느끼하진 않다. 윤변 형의 친구로 윤변을 도와 검사 측과 맞선다.

M 시그널

E 술집 안, 사람들 시끌시끌

윤변   솔직히 우리 아버진 형을 별로 좋아하지 않았지만 난 형이 좋았어.

대석   취했냐?

윤변   세상을 길게 살아온 아버지 세대가 형의 세대를 받아들이기는
       어려웠던 것 같아.

대석   (체념) 너희 아버님 말씀이 옳아. 그래야 세상이 돌아 가.

윤변   (울적) 형, 어떻게 살아야 하는 게 맞을까.

대석   그걸 내가 어떻게 알겠냐.

윤변   (답답) 지금까지 살면서 수없이 물었던 질문이야. 어떻게 살아
       야 할까. 아니 어떻게 살고 싶은가.

대석   정말 국선전담변호사를 그만두기라도 하겠다는 거야?

윤변   … 모르겠어.

대석   차라리 결혼을 해서 평범하게 살아.

윤변   또 그 소리.

대석   참, 나 이준형 기자 봤다.

윤변   (좋고) 정말? 어디서?

대석   (피식) 애 봐라, 즉각 반응하는 거.

윤변   어디서 만났는데? 무슨 얘기했어?

대석   너 아무래도 여자 보는 취향 좀 키워야겠다.

윤변   형 취향은 딱 미스홍이면서.

대석	미스홍이 어때서? 우리 마누라보다 백 배는 훌륭하거든. 물론 연애를 하겠다는 말은 아냐.
윤변	그건 다행이네.

해설	윤변은 준형을 만나야겠다는 생각을 하자 기분이 좋아졌다.
윤변	(속으로) 그녀를 만나면 왠지 내 고민이 다 풀릴 것 같아.

M 브릿지

해설　윤변은 다음 날 저녁, 신문사 사옥 앞에서 퇴근한 준형을 만났다.두 사람은 시청 쪽으로 목적지도 정하지 않고 걸었다.

E 거리 소음, 걷는 두 사람

준형	저한테 무슨 할 말이 있다고 하지 않으셨어요?
윤변	(불쑥) 보도지원을 해줄 수 있어요?
준형	(놀라) 박재호 씨 사건이요? 그럼요, 당연히 지원해줄 수 있죠.
윤변	얼마나 도와줄 수 있죠?
준형	(미소) 힘닿는 데까지요. 사건은 지금 어떻게 돼가고 있어요?
윤변	(속으로) 이 여자의 호기심은 누구를 향하고 있을까. 날까 박재호 씨 사건일까. 그럼 나는 왜 이 여자를 찾아왔을까. 단지 기자로서 도움을 받으려고 아님 여자로?

해설 윤변은 자신이 연애를 해본 지가 참 오래됐다는 생각이 들었다.

윤변   (속으로) 마지막이 누구였지? 어쨌든 확실한 건 그녀는 날 떠났
       고 그때 난 변호사가 아니었다는 거. 지금은 상황이 달라졌고.
준형   우리 저기서 차 한잔해요.

해설   준형이 먼저 창이 넓은 찻집으로 들어가 창가에 앉았다.

E 카페 안, 음악(Cancao do mar), 차 마시는 두 사람

준형   그 사건… 어떻게 됐어요? 제가 듣기로는 윤변호사님이 꽤 열심
       히 사람들을 만나고 여러 가지 애를 쓴다고 들었는데.
윤변   (심각) 생각보다 오래 갈지도 모르겠어요, 이 싸움.
준형   왜요? 이 사건 뒤에 뭐가 있는 건가요? 그렇죠?

해설   준형은 얼른 수첩과 볼펜을 꺼내 들었다.

윤변   아, 너무 하시네. 지금 취재라도 하겠다는 거예요?
준형   왜요? 기자인 제가 알아서는 안 되는 뭔가가 있나요?
윤변   어떻게 살아야 할까요? 어떻게 사는 게 맞을까요?
준형   네?
윤변   (생각 많고) 아무튼 우리, 최선을 다해봅시다.
준형   (속으로)이 사람, 왠지 오늘은 분위기가 다른데. 무슨 일 있나?

해설   윤변은 집으로 돌아와 컴퓨터를 켰다. 흰 바탕 위에 점멸하는 커서를 한참 동안 바라봤다. 윤변은 결심한 듯 키보드를 쳤다.

윤변   (자판 치며)… 사직서…

M 브릿지

해설   윤변이 사무실에 나갔을 때, 대석은 누군가와 스피커폰으로 통화 중이었다.

윤변   (다가가 작게) 저기, 나… 국선전담변호사 그만뒀어.

해설   윤변의 말에도 아랑곳없이 대석은 큰소리로 통화 하는 상대방에게 쏘아붙였다.

대석   (큰소리) 그러니까 제가 휴대전화를 새로 사면서, 그쪽 통신사와 계약을 해지해야 된다니까요.

여직원   (전화) 네, 고객님. 그건 전화로는 해지가 불가능하니까 직접 대리점을 방문해주셔야 합니다.

대석   본인이 직접요?

여직원   (전화) 네, 그렇습니다, 고객님.

대석   내가 사실 변호사요. 그래서 거기 갈 시간이…

여직원	(전화) 그래도 명의자분이 직접 오셔야 합니다. 주민등록증과 본인 대조절차가 필요하거든요, 고객님.
대석	뭐라고요? 가입할 때는 그런 절차를 요구하지 않았잖습니까. 그 절차는 왜 해지할 때만 필요한 겁니까?
여직원	(전화) 회사 방침입니다. 죄송합니다, 고객님.
대석	(화나서) 방침 좋아하시는군. 그럼 그게 그 회사의 방침이라는 걸 증빙하는 서류를 먼저 보내시오.
여직원	(전화) 네?
대석	아, 거기에는 대표이사의 기명날인이 첨부되어 있어야 하고, 본인 확인을 위해 대표이사가 직접 날인된 서류를 들고 내 사무실로 오라고 해요.
여직원	(전화) 저기 고객님. 그게 무슨 말씀...
대석	이게 내 방침이요. 사무실 주소는 내 비서한테 물어보고. 알아들었어?
해설	대석이 신경질적으로 전화를 끊고 크게 숨을 내쉬었다. 성이 안 풀렸는지 수화기를 들어 두 번 쾅쾅 내리쳤다.
대석	(열받고) 미국이라면 이걸로 집단소송광고를 신문에 냈을 텐데. (윤변에게, 툭) 사직했다고? (생각 많은)… 드디어 사고를 쳤구나.
윤변	국가배상을 청구할 거야.
대석	하고 싶은 대로 해.

윤변　이주민이라고, 서울대 법대 교수가 있어. 국가배상 문제를 논의하려고 오늘 사무실에 들르기로 했어.

대석　(흥분) 법대 교수가 여기, 이 사무실에 온다고?

윤변　나이도 젊은데 아주 유능한 사람이야. 마음에 들 거야.

대석　오늘 온다고?

(후략)

(제공: KBS 라디오)

★ 부록 ★
Voice of Voice,
성우 인터뷰

대원방송 5기

2014년 입사/전속성우

이새아

성우가 되어야겠다고 결심한 특별한 계기가 있나요?

제가 성우에 관심을 갖게 된 건 굉장히 어릴 때부터였어요. 저희 집은 부모님이 맞벌이를 하시는데 제가 외동딸이다 보니까 집에서 혼자 할 게 없어서 항상 TV를 틀어놓고 애니메이션을 많이 봤거든요. 애니메이션을 보다 보면 누구나 주인공에 대한 동경 같은 걸 갖게 되잖아요. 저도 특정 캐릭터가 되고 싶다는 생각을 많이 했고, 따라서 말해보기도 했죠. 그러다 초등학생일 때 TV에서 애니메이션 더빙 현장을 보여준 적이 있어요. 그때까지만 해도 캐릭터의 목소리는 그냥 캐릭터가 내는 목소리인 줄 알았는데 더빙 현장을 보고 캐릭터를 연기하는 진짜 사람들이 있는 걸 처음 깨달은 거죠. 그때 성우라는 직업을 알고, 나도 저렇게 애니메이션 캐릭터를 연기하는 사람이 되고 싶다 생각했어요. 초·중·고까지 장래희망 칸에 늘 성우라고 적어냈죠.

본격적으로 성우 공부를 시작한 건 언제인가요?

성우라는 직업을 알고, 꿈을 키우기 시작한 당시에도 성우가 연기자라는 생각은 전혀 못 했어요. 그냥 애니메이션 캐릭터가 되는 사람이라고 막연하게 생각했으니까 공부가 필요한 줄도 몰랐어요. 사실 어렸을 적엔 성우가 되고 싶다는 사람이 저밖에 없어서 장래희망 칸에 성우라고 적어내면 친구들이 "성우가 뭐야?"라고 묻곤 했거든요. 성우가 잘 알려진 직업이 아니라고 생각했기 때문에 경쟁률이 이렇게까지 셀 줄은 몰랐어요. 경쟁률도 심하고, 연기도 제가 생각했던 것과는 다른 연기를 구사하더라고요.

처음에는 기존 성우들의 연기, 그러니까 성우 음성으로 더빙된 영상물을 듣고 따라 해보는 것부터 시작했어요. 잘못된 버릇이 생길 수 있어서 별로 추천하는 방법은 아닌데 처음엔 어떻게 해야 할지 모르니까 그런 식으로 혼자 연습했던 거죠. 아무것도 모를 때는 연습하는 행위 자체로 충분히 즐거울 수 있거든요. 또 그런 식으로 성우에 대해 관심과 흥미를 느끼는 것만으로도 의미가 있다고 봐요. 제대로 된 성우 학원은 대학교 1학년 때 처음 가봤어요. 학원을 다니면서 이것저것 성우 연기에 대해서 접할 수 있었는데 당시엔 학교 실기 수업이 너무 많아서 학원에 집중을 못 하고 두 달만 다니다가 중단했어요. 그러다가 3학년 방학 때 다시 학원을 다녔는데 그때도 학교생활과 병행하는 게 힘들어서 또 중단했죠. 그리고 4학년 때 졸업을 앞두고 학원을 다시 다니기 시작했어요.

학원 선택은 어떻게 했나요?

성우 학원을 검색해서 홈페이지에 올라온 커리큘럼을 보고 선택했어요. 제가 간 학원은 연기만 배우는 게 아니라 발성, 발음은 기본이고, 한 달에 한 번씩 더빙을 직접 해보는 커리큘럼이 있었어요. 처음 학원을 알아볼 2008년도 당시에는 지금처럼 제대로 녹음 스튜디오를 갖추고 있는 곳이 많이 없었던 걸로 알고 있거든요. 한 달에 한 번씩 애니메이션이나 외화 더빙을 한다는 걸 보고 혹해서 전화 문의를 했죠. 그랬더니 오디션을 보러 오라고 하더라고요. 오디션 보러 간 김에 학원 분위기도 봤는데, 실장님도 친절하시고, 마음에 들었어요. 다른 사람한테 연기를 보여주고 평가 받는 건 그 오디션이 처음이었는데 신기하기도 하고 좋더라고요. 거기에다 그 학원의 선생님들이 잘 가르친다는 얘기를 들어서 나름대로 여러 가지 요소를 복합적으로 따져서 선택한 거죠.

부모님의 반대가 심했어요. 제가 고등학생 때 뉴질랜드로 유학을 갔는데 유학 중간에 성우 하러 한국으로 돌아오겠다고 했거든요. 제 나름대로 성우를 하려고 생각하다 보니 한국에서도 성우로서 갖춰야할 언어 능력을 기르기 힘든데 모국어를 사용하지 않는 나라에서 성우라는 직업을 이루기는 아무래도 무리일 것 같더라고요. 그래서 성우가 되려면 무조건 한국에 들어가야 한다고 생각한 거죠. 수능 준비도 하나도 안 하고 뉴질랜드 고등학교 교과 과정으로 학업을 마쳐놓은 상태라 한국에 들어오면 대학 갈 준비를 처음부터 다시 해야 하니까 부모님은 많이 반대하셨어요. 그럼에도 결국 다 정리하고 무작정 들어왔죠. 그때부터는 수능 기숙학원에 들어가서 하루에 한두 시간 자면서 계속 공부했어요. 외국인 전형은 자격 조건이 안 돼서 볼 수가 없었거든요. 대학교 전공은 성우와 관계가 있는 학과를 찾다가 방송연예과가 있기에 동덕여대 방송연예과로 목표를 정하고 그곳 위주로 수능을 준비해서 무사히 합격했어요. 하지만 그 뒤에도 부모님은 성우에 대해 탐탁지 않아 하셨어요. 그래서 성우 대회 같은 이벤트에 참여해서 적극적으로 뭔가를 하고 있는 걸 보여드리면 제 진심도 알아주실 것 같았어요. 그렇게 각종 성우 대회에 참여하면서 지망생 친구들을 사귀었고, 출전한 이벤트에서는 운 좋게 모두 다 입상을 했어요, 대상, 은상, 개인상 등. 그걸 보신 부모님이 저한테 재능이 전혀 없는 건 아닌가 보다고 판단하신 것 같아요. 그때부터는 인정해주시고 "어디 한번 해봐라"라며 응원해주셨어요.

부모님께 인정을 받고 난 다음에 힘들었던 건 학원과 학업을 병행하는 것이었어요. 마음은 학교 다니면서 빨리 성우 학원을 다녀서 성우 시험을 보고 싶은데, 학교에서 조별 실기시험이 많아 학원 공부에 충실하지 못했어요. 최대한 연습해서 최선의 모습을 보여주고 피드백을 받아야 얻는 게 있는 거고, 돈도 안 아까운 거지, 연습 없이 즉흥적으로 연기하는 것에 피드백 들어봤자 발전이 없으니까요.

성우가 안 될 경우 대안을 생각해보셨나요?

성우가 모든 것을 다 걸고 노력해도 합격한다는 보장이 있는 직업이 아니다 보니 만약에 성우가 안 된다면 무엇을 해야 하나에 대한 고민을 많이 했어요. 저는 아주 어릴 적부터 성우가 꿈이었고, 성우가 된 스스로를 상상하면 정말 즐거웠어요. 꼭 이루고 싶은 꿈이었기에 "되어야만 해!" 하고 목표를 설정하면 부담스럽고 꿈이 퇴색되는 느낌이 들었어요. 그래서 성우 공부를 하면서 스트레스 받지 말자고 생각했죠. 성우가 아니면 안 된다는 생각 대신 2지망으로 할 수 있는 일을 찾아보고 이것저것 경험을 많이 해야겠다고 생각했어요. 제가 교육받은 기간만 추려보면 채 1년이 안 돼요. 그래서 대학교를 졸업하고 바로 성우가 될 수 있을 거라 생각하지 않았죠. 때문에 일단 졸업하면 취직을 해야 한다고 생각했어요. 진로는 전공을 살려서 방송국 쪽 일을 많이 알아봤죠. 우선은 조연출 쪽으로. 방송 연예를 전공하면서 방송 전반에 대해 많이 배웠거든요. 교수님과 상담도 많이 하고, 조언도 듣고, 워크샵 가서 가상 체험도 해보고…. 그런 상황에서 8월에 졸업하자마자 같은 해 10월에 대원방송 성우 공채가 있어서 일단 시험을 봤는데, 운 좋게 합격을 했습니다. 성우가 못 됐다면 아마 방송 일을 하고 있지 않았을까 싶네요.

성우 지망생들에게 조언 부탁드립니다.

성우라는 직업에 대한 이해를 많이 하고 공부를 시작하는 게 좋을 것 같아요. 성우가 무엇을 하는 직업이고, 어떤 연기를 하는지 말이에요. 예를 들어 성우가 더빙만 하는 사람인 줄 알았는데 내레이션이나 광고 스팟 , 라디오 드라마 등 다양한 일을 한다는 걸 몰랐다든가…. 이런 일이 없도록 직업에 대한 이해가 우선되어야 할 것 같아요. 그 다음엔 연기의 기본기를 갖춰야 하죠. 연기의 기본기 없이 성우 흉내 내기를 반복하다가 잘못된 습관이 들면 더 헤맬 수도 있거든요.

그리고 수능 공부는 열심히 하면 그만큼의 성적이 객관적인 기록으로 나오지만, 연기는 주관적인 판단이 들어가기 때문에 성우 시험 자체가 어려울 수밖에 없어요. 방송국 PD 세 명이 면접관일 때 중요하게 여기는 부분이나 연기를 보는 관점이 모두 다를 수 있거든요. 그러다 보니 실력이 좋다고 반드시 성우 시험에 붙는 것도 아니에요. 객관적으로 봐도 잘하지만 시험관에게 당장 필요한 목소리가 아닐 수도 있는 것이고, 시험에는 운이 따라야 하죠. 그러다 보니 주변에 오래 공부했던 사람들이 시간이 지날수록 힘들어하는 모습을 많이 봤어요. 시간이 길어질수록 힘들어지겠지만 처음에 왜 성우를 하려고 했는지를 계속 상기하면서 즐겁게 공부할 수 있으면 좋겠어요. 그래야 좋은 결과도 낼 수 있지 않을까요?

● 성우 시험 도전기

KBS 제일 처음 본 성우 시험이 대학교 1학년 때 본 KBS 성우 시험이었어요. 성우 학원도 안 다닌 상태라 당연히 붙을 생각은 전혀 없었지만, 어떻게 뽑나 궁금해서 무작정 봤어요. 시험을 치러 갔더니 수백 명이 진을 치고 있어서 절로 '우와~' 소리가 나오더군요. 그때는 성우 시험을 본다는 자체가 신기하고 성우라는 꿈에 다가간 것만으로도 즐거웠던 것 같아요. 시험 대본을 5분 정도 보게 해주고 조별로 5명씩 들어가서 바로 연기를 하는데, KBS에서는 원래 한 사람당 지문을 하나씩 시켜요. 마음에 들면 하나 더 해보라고 콜을 주고요. 전 지금까지 KBS 시험을 세 번 봤는데, 공부를 전혀 안 한 이 첫 시험 때만 콜을 세 번이나 받았어요. 하지만 성우 연기를 알고 나서 치른 두 번째 시험 때는 콜 전무, 세 번째는 한 번 콜을 받았어요. 첫 시험을 볼 당시 저한테 저도 잘 모르는 뭔가 있었나 싶은데 그 후로는 흔해빠진 연기가 됐나 보다 했어요(웃음).

투니버스 투니버스는 1차가 녹음본 제출이었어요. 이때도 학원을 안 다닐 때라 어떻게 녹음하는 건지 몰라서 그냥 집에서 녹음기 틀어놓고 녹음을 했어요. 치지직거리는 잡음 소리까지 들어가게 녹음했죠(웃음). 투니버스는 애니메이션 방송국이라 그런지 대본 자체도 애니메이션 대본이라 KBS와는 시험 보는 느낌이 아예 다르더라고요. 거기다 녹음해서 내 목소리를 들으니까 너무 못 하는 거예요. 목소리도 이상하고, 연기도 이상하고…. 어느 정도 만족할 만한 게 나올 때까지 계속 다시 녹음했어요. 결과는 1차 탈락. 당시엔 그래도 아는 한에서 나름대로 최선을 다한 거였는데 떨어져서 이게 생각만큼 쉽지 않구나 하는 걸 느꼈어요. 대체 얼마나 잘해야 1차를 붙는 거지? 하는 생각이 들었죠.

대원방송 투니버스 이후에 대원방송의 2기 시험을 봤어요. 대원방송도 1차는 녹음본 제출이었는데, 투니버스 때보다는 다듬어졌지만 이때도 엉망이긴 마찬가지였죠. 다만, 대학교 수업 과정 중에 성우 송도순 교수님 수업이 있어서 성우라는 직업에 대해 이것저것 여쭤봤거든요. 그때 교수님께 받은 지적이 "애니메이션이라고 귀여운 척하며 소리 내지 말라"는 거였어요.

요즘 트렌드는 자연스러움이라고, 발음이 좀 뭉개져도 좋으니까 자연스럽게 연기하라고. 이런 교수님의 가르침을 받아 대원방송 2기 시험 때는 좀 더 자연스럽게 소리를 내려고 노력했어요. 소리가 안 예뻐도 좋으니까. 연기도 최대한 과장하지 않고 약간 풀어서 부담스럽지 않게 했더니 녹음본 1차에 붙었어요. 이때는 나름대로 녹음도 핀 마이크로 하고, 잡음 제거도 해서 제출했어요. 그래봤자 2차 실기에서 바로 떨어졌지만, 대학교 3학년 때라 1차에 붙은 것만으로도 엄청 감격했어요. 그래서 2차에서 바로 떨어졌을 때도 좌절하기보다는 "나도 진짜 성우가 될 수 있겠다"는 가능성을 확인한 느낌이었어요. 그리고 이번 대원방송 5기 시험에서 정식 성우가 되었죠. 대원방송 5기 시험에서는 처음으로 녹음실에서 녹음한 녹음본을 제출했어요(웃음).

KBS 40기

2015년 입사/전속성우

장희문

성우가 되어야겠다고 결심한 특별한 계기가 있나요?

군대에 있을 때 행정병이다 보니 라디오를 자주 들을 수 있었어요. 그때 「KBS무대」라고 라디오 드라마를 듣다가 감동한 나머지 '나도 전역하면 성우가 되어야겠다'고 처음으로 생각했던 것 같아요. 라디오 드라마를 듣다가 울기도 했거든요.

전 어릴 적, 그러니까 열 살 때 이미 목소리가 지금 목소리와 다를 바가 없어서 집에서 제가 전화 받으면 상대가 아버지인 줄 착각할 정도였어요. 변성기도 없었던 것 같고…. 그래서인지 학창시절에 목소리 좋다는 이야기는 주변에서 제법 들은 편이에요. 그래도 성우가 되고 싶다고 생각한 적도 없고, 아는 것도 없었는데 군대에서 성우가 되어야겠다고 생각한 뒤로는 좀이 쑤셔서 휴가 나올 때마다

PC방 가서 성우에 대해서 검색해봤어요. 그리고 전역하는 날 군복도 안 갈아입고 바로 성우학원에 오디션을 보러 갔죠.

학원 선택은 어떻게 했나요?

인터넷에서 성우학원을 검색해서 나오는 정보 중에서 합격자가 제일 많은 학원을 찾아갔어요. 그리고 소문을 들었죠. 어느 선생님이 잘 가르친다더라 하면 그 선생님을 찾아가 수강하기도 하고…. 어쨌든 성우 시험 준비를 하는 6년 동안 꾸준히 성우학원을 다니면서 몇 차례 학원을 옮겨보기도 하고, 학원 두 군데를 동시에 다니기도 했어요. 덕분에 지금까지 학원비만 2천만 원 가까이 쓴 것 같아요. 한달에 네 번 수업이 있는데 월 수강료가 35만원이었으니까, 하루 수업에 8~9만원이라고 생각하면 결코 만만한 금액은 아니죠.

수강료가 부담되면 그동안 학원에서 배운 것들을 바탕으로 독학을 해볼 생각은 안 하셨나요?

독학은 금물이에요. 차라리 안 하는 게 나아요. 아무것도 모르는 학생들끼리 모여서 스터디하는 것도 절대 금물이고요. 제가 학원을 다니다가 3개월 쉬면서 독학을 해본 적이 있거든요. 그때 저도 자각하지 못했는데 연기가 이상해지더라고요. 나중에 오랜만에 선생님을 만나서 연기했더니 "너 연기가 왜 이렇게 이상해졌냐"고, "연기가 변했다"고 하셨어요. 그 뒤로 독학은 안 되겠다 싶어서 계속 학원을 다녔어요.

동호회 활동은 하셨나요?

일절 안 했어요. 저는 지망생들끼리 하는 스터디도 안 했어요. 개인적인 생각이지만 지망생들끼리의 단체 모임은 정보 공유 외에는 아무런 득이 없다고 생각했거든요. 그 시간에 학원 수업 듣고 선생님 코멘트를 토대로 혼자서 공부하는 게 낫죠. 시험 정보를 캐고 다니는 사람들이 꼭 있는데 연기만 잘하면 정보는 그렇게 중요하지 않아요. 예를 들어, 2015년 투니버스 공채 시험 공지가 나고서 1차 시험 지문의 출처가 어느 작품이냐 알아보는 사람들이 있던데, 원작 찾아서 듣고 따라서 연기하는 것보다 혼자 지문 보고 분석해서 연기하는 쪽이 훨씬 가능성이 있다고 생각하니까요.

성우 시험을 준비하면서 가장 어려웠던 점은 무엇인가요?

제가 올해 31살인데, 친구들 만나면 다들 직장도 있고, 결혼도 하는데, 전 아무 것도 없는 그냥 성우 지망생이니까 스스로 위축되고, 명절 때 친척들 보기도 힘들었어요. 그래서 이번 KBS 시험을 마지막 시험으로 생각하고 있었어요. 성우 시험을 준비하는 게 너무 힘들어서요. 학원을 가봐도 성우가 되고 싶다는 지원자는 엄청나게 많은데 뽑는 수는 워낙 적으니까 사람들이 많이 지쳐하죠. 저도 처음엔 대학교 졸업 후 전공(정보통신)을 살려서 IT 쪽으로 취직을 했거든요. 회사를 다니면서 성우 공부를 병행했는데, 마지막 2년은 회사도 그만두고 성우 시험에 올인했어요. 회사 다니면서 번 돈을 성우 학원에 다 투자한 거죠.

성우 시험에 올인하게 된 이유가 있나요?

주변 영향이 컸던 것 같아요. 주변에서 올인했던 형들이 합격하는 걸 보고 나도 올인해볼까 하는 생각이 들었어요. 사실 회사 다니면서 성우 공부하기가 쉽지 않거든요. 야근도 잦고, 회사 행사라도 있으면, 주말에 한 번 가는 학원을 못 가는 것도 스트레스가 되고…. 그래서 퇴사를 했어요. 지금에야 말하는 거지만, 아무런 보장이 없는데 성우시험에 올인하는 건 인생 망하는 지름길이에요. 시험 칠 때마다 3천 명씩 오는데 10명 뽑을까 말까잖아요. 그러다가 40살까지 준비하는 사람도 주위에 있었어요. 시험 준비를 하면서 세월을 갖다 바치다 보니 그 세월이 아까워서 포기하기가 쉽지 않은 것 같아요. 거기다 그런 분들이 성우가 되기를 포기하고 나면 이제 와서 뭘 할 수 있겠어요. 그래서 방송국 관계자들, PD들도 성우 시험에 올인하지 말라고 해요. 성우가 하고 싶으면 직장을 갖고 여유 있게 천천히 공부하는 게 좋은 것 같아요.

기본 5년 정도 장기전을 생각하고 오세요. 1~2년 한 번 공부해볼까? 하는 생각은 아닌 것 같아요. 보통 장기전을 생각하지 않고 온 사람들이 한두 달 수업 듣고 등 돌리거든요. 막연하게 생각했던 성우와 실제가 다르다고 느꼈다면 일찌감치 포기하는 게 맞아요. 다들 '내가 설마 5년씩이나 공부하겠어?'라고 생각하고, 시험 볼 때도 성우 공부한 첫 해부터 '이번에 붙지 않을까?' 하고 희망에 차서 시험을 보러 와요. 물론 될 리도 없겠지만 운이 좋아서 성우 시험을 통과해도 요행으로 살아남을 정도로 녹록한 곳이 아닙니다. 성우 시험 합격은 끝이 아니고 시작이죠. KBS 성우로 12명이 들어오면 절반만 살아남는다고 얘기하더라고요. 물론 공부하는 사람들도 잘 알고 있을 테고 그럼에도 정말 하고 싶은 일이니까 하는 거겠지만요.

● 성우 시험 도전기

KBS KBS 성우 시험의 최종(2차 시험)은 이번에 붙은 시험까지 포함해서 총 세 번을 갔어요. KBS의 경우, 1차 시험은 여럿이 들어가서 연기 실기 시험을 보고, 2차 시험은 한 명씩 들어가서 연기 실기와 면접을 함께 보는데, 시험관인 PD님들이 대놓고 말씀은 안 하시지만 절 알아본다는 느낌을 받았어요. 이번 2차 시험에서 제가 첫 번째 연기를 할 때 왜 이렇게 긴장했냐고, 지금 긴장할 때냐고 대뜸 화를 내셨거든요. 그렇게 혼나고 긴장 풀게 가벼운 연기를 해보라고 하시는데, 긴장한 사람한테 긴장하지 말라고 하면 더 긴장되잖아요. 평소 같으면 그런 실수를 안 할 텐데 8줄 정도 되는 문장을 연기하면서 NG를 다섯 번이나 냈어요. NG 한 번 낼 때마다 -1점이라고 들었거든요. 그때 멘탈이 땅바닥에 떨어졌죠. '원양어선 타야겠구나' 생각하던 찰나 저를 좀 좋게 보신 듯한 PD님이, 지문 중에 하고 싶은 연기를 해보라고 하셨어요. 이땐 이미 합격은 글렀다고 생각한 상황이라 다 내려놓고 해서 그런지 연기가 잘 됐어요. 덕분에 이어진 마지막 연기도 자신감이 붙어서 거침없이 했죠. 그래도 5번을 연달아 틀린 게 점수를 매길 수 없을 정도로 치명적인 연기를 한 거라는 생각에 시험장 나오자마자 울었는데, 최종적으로 합격한 것을 보고 굉장히 감사했어요.

타 방송국 성우 공부를 하는 6년 동안 경험삼아 방송국 시험은 있는 대로 다 봤어요. 그래서 투니버스도 3차까지 갔고, 대원방송도 2차까지 갔는데 최종 합격은 못 했죠. KBS는 2차 시험이 최종인데 반해 다른 방송국은 3차에서 연기 시험 없이 개인기와 면접을 주로 봐요. 간혹 2차에서부터 개인기를 요구하는 경우도 있었고요. "노래 잘 하세요?", "준비한 개인기 있으면 다 보여주세요" 이런 식으로요. 그래서 보통은 2차부터 개인기를 준비해서 가죠. 전 개인기로 성대모사도 하고, 모창도 하고, 노래도 하고, 해당 방송국의 광고를 만들어서 음악 틀고 광고를 한 적도 있어요. 사실 개인기가 점수에 얼마나 반영되지는 모르겠지만, 얼마나 열심히 준비했는지 성의를 보는 정도가 아닐까 해요. 중요한 건 2차 때의 연기 점수에서 판가름이 날 거라 생각하거든요.

투니버스 7기

한국방송예술교육진흥원 성우과 출신/프리랜서성우

정혜원

성우가 되기로 마음먹은 계기는 무엇인가요?

고3 때 누가 "성우 한번 해봐"라고 가볍게 던진 말 한 마디에 관심을 갖게 됐어요. 사실 그전까지는 살면서 가졌던 관심 분야랄 게 없었거든요. 그렇다고 제가 딱히 두각을 드러내는 분야가 있던 것도 아니고…. 너무나 평범하게 하루하루 살면서 장래 꿈이랄 것도 없는 상태였는데 우연히 들은 '성우' 이야기에 호기심이 생겼던 거죠. 그리고 성우 공부를 막상 해보니까 정말 재미있고 잘하고 싶고…. 무언가에 욕심이 생긴 건 성우가 처음이었던 것 같아요.

한국방송예술교육진흥원의 성우과를 지망한 이유는 무엇인가요?

사실 성우에 관심을 갖고 나서도 딱히 성우에 대한 정보를 찾아보거나 하지는 않았어요. 그러던 와중에 온라인 게임을 하다가 보이는 배너 광고에 한국방송아카데미(현 한국방송예술교육진흥원) 성우과가 떠 있길래 클릭해봤어요. 어쨌든 성우에 관심이 있었으니까 클릭해 본 거죠. 광고 내용을 보니까 학사학위를 준대서 대학교 진학을 이 쪽으로 해야겠다고 생각해서 지원했어요.

한국방송예술교육진흥원은 학점 은행제 교육시설을 표방하고 있는데 일반 대학과는 어떻게 다른가요?

수업을 들으러 학교를 나가는 건 여느 대학과 똑같아요. 다만 제가 다닐 때는 6개월 아카데미 과정, 2년 전문학사 과정, 4년 학사과정 이 있어서 어떤 걸 선택하느냐에 따라서 학원생이 될 수도, 전문대 졸업과 동일한 전문학사학위, 4년제 대학 졸업과 동일한 학사학위 를 받을 수도 있는 거였죠. 전 전문학사 과정을 선택했는데 학교 입 학하고 처음 1년은 거의 놀러 다니는 기분으로 재밌게 대학생활을 즐겼어요. 좋은 친구들도 많이 만나고, 좋은 교수님도 만나고…. 여 느 대학생이 그렇듯이요.

성우학원은 따로 안 다녔나요?

학교를 졸업한 후에 학원을 다녔어요. 성우과를 졸업한다고 바로 성 우가 될 수 있는 게 아니잖아요. 학교를 졸업했으니 일은 해야겠고,

그렇다고 아무 일이나 하기는 싫고…. 그래서 언더성우 일을 하면서 성우학원도 다니고 스터디 모임도 꾸준히 나갔어요. 많은 지망생들이 그렇지만 보통 한 학원에만 적을 두는 게 아니고 여러 군데 다니거든요. 전 뭣 모르고 한국방송예술교육진흥원에서 공부를 시작했는데, 지금 생각해보면 다른 분야로 많은 배움의 기회가 있었을 텐데 너무 외길만 걸은 것이 아닌가 하는 아쉬운 마음도 조금 들어요. 다른 전공을 선택해서 이것저것 많이 배우고 경험해봤다면 성우로서 여러 가지 무기를 장착할 수 있었을 텐데 배운 게 성우밖에 없어서 성우 말곤 할 줄 아는 게 없으니까요.

언더성우 활동은 어떠셨나요?

졸업하고 6개월 동안은 거의 놀았던 것 같아요. 누가 들어도 혹할 만한 샘플도 안 갖추고 있고, 그런 샘플을 만들 실력도 당시엔 없었던지라. 한 달에 녹음 일 한두 번 했나? 취직 생각이 들기도 했지만 취직해서 출퇴근 생활을 하면 그만큼 성우 일을 할 기회가 없어진다고 생각했거든요. 지망생 카페 같은 데 돌아다녀보니까 단발성 녹음 일거리가 굉장히 많았어요. 그런 걸 하려면 시간을 비워둬야 하니까요. 그러다가 어느 녹음실에 전속성우로 들어가서 매일 출퇴근하면서 1년 넘게 유선전화 연결음 서비스 녹음만 했어요. 언더성우의 페이는 정식 성우만 못 하지만, 일반 알바에 비하면 시급이 좋은 편이에요. 사실 언더 일은 연기나 더빙처럼 재미있는 일보다는 ARS 나 내레이션, 교육용 E-러닝 콘텐츠가 대부분이라 내용적으로 재미가 없어요. 하지만 다른 일을 하려고 생각하면 더 하기 싫었으니까요. 언더성우 일만 해서 평생 먹고 살지는 못 하겠지만 당시엔 제가 할 수 있는 한 최선을 다해야겠다는 생각을 했어요. 지금은 '이렇게 성우가 될 줄 알았으면 그때 좀 더 놀러다닐 것을 그랬다' 싶어서 조금 후회되네요(웃음). 그때는 성우가 못 될수도 있다고 생각하니까 언더성우 일이 너무 소중해서 어디 여행을 못 가겠더라고요.

전속 생활을 마쳤을 때 어떠셨나요?

막막했죠. 그때 선배님들이 "마인드 컨트롤이 가장 중요하다"는 조언을 많이 해주셨어요. 당장 휴대폰 사용료 낼 돈이 없어 힘든 게 아니라 마음이 너무 힘들어요. 전속기간 동안 매일 출근하다가 일이 없어 집에 있으면 스스로 무능한 것 같고, 자존감이 바닥을 치고 그런다는 거죠. 일이 없으면 그 시간을 활용해서 자기 계발을 할 생각을 해야지 혼자 땅 파면 끝이 없거든요. 그래서 저도 프리 1년차 때 일이 없으면 나만 없는 거 아니라고, 일이 들어오면 감사하고, 없으면 당연한 거라 생각하면서 시간을 보냈는데, 나중에 지나고 보니 그렇게 일이 없지는 않았더라고요. 오히려 전속 때보다 좋았으니까요.

성우가 되기 위해서는 포기하지 않는 끈기가 굉장히 중요한 것 같아요. 잠깐 해보다가 안 될 것 같으면 그만두는 사람이 굉장히 많거든요. 처음엔 안 될 것 같으면 빨리 포기하는 게 현명한 거라고 생각했는데, 이제는 감히 그렇게 말을 못 하겠어요. 분명 제 생각에 '저 사람은 빨리 다른 길 찾는 게 좋을 것 같은데 안타깝다' 했던 사람이 성우가 돼서 어느 날 봤는데 엄청나게 잘하는 걸 직접 목격했거든요. 그래서 사람 실력을 함부로 평가할 게 아니구나, 앞날을 아무도 모르는 거라는 생각이 들었어요. 사실 성우가 돼야 실력이 늘어요. 아무리 언더성우 생활을 오래 해도 실력이 느는 데에 한계가 있을 수밖에 없어요. 저는 처음 성우가 되고 정말 많이 놀랐어요. 귀가 엄청나게 호강을 하거든요. 연기 잘하는 선배들을 접하다 보니까 귀가 고급이 되는 거예요. 그러면서 스스로한테도 적용이 되는 부분이 있고요. 아무리 TV를 열심히 봐도 알 수 없어요. 현장에서 보고 느끼는 게 훨씬 더 중요하죠. 그리고 지망생들에게 꼭 해주고 싶은 말은, 성우 공부에만 집착하지 말고 다른 연기도 해봤으면 좋겠다는 거예요. 제가 대학 졸업 작품으로 연극을 했는데 그때 배운 게 정말 많거든요. 얼마 전에 단편영화와 장편 독립영화도 한 편 찍었는데, 똑같은 대본인데도 깨우치고 배우는 게 정말 많아요. 보는 시각도 달라지고 형용할 수 없는 느낌을 받기도 하죠. 그건 본인이 직접 느껴봐야 알 수 있을 거예요. 성우 시험도 결국 연기니까 다양한 연기 경험이 알게 모르게 도움이 될 거예요.

● 성우 시험 도전기

투니버스 투니버스는 총 두 번 시험을 봤고, 붙었을 때는 제가 열 번째 보는 성우 시험이었어요. 투니버스 시험은 3년에 한 번 오는 기회라 꼭 붙고 싶었는데, 정말 붙을 거라고는 기대하지 않았어요. 상처받지 않으려는 자기방어 기제가 작용한 거겠죠. 면접에서 어필하고 싶은 마음에 자꾸 대답을 길게 했다가 혼나기도 하고, 투니버스에서 어떤 작품을 방영하는지, 어떤 성우가 있는지도 사전에 알아가지 않아서 대답을 하지 못해 당황하고. 기억에 남는 면접 질문이 "투니 작품들 중에 어떤 캐릭터를 하면 잘할 것 같으냐"였는데, 아는 게 있어야 대답을 하죠. 그래서 어디서 주워들은 '케로로'라고 대답했어요. 문제는 케로로가 어떻게 생긴 건지는 알았는데 목소리를 몰랐어요. 그럼 얼마 정도면 양정화(케로로 성우) 성우를 따라잡을 수 있겠냐" 묻는데, 저는 양정화 선배님이 얼마나 대단한 분인지 전혀 몰랐죠. "3년"이라고 했더니 "뭐? 3년 만에 따라잡겠다고?" 되물으셔서 "그럼 5년…"이라고 말 바꾸고…. 지금 생각하면 말도 안 되는 면접을 본 것 같아요(웃음).

면접 때는 필수로 개인기도 준비해야 하는데, 성우가 되지 못 하면 뭘 할까 고민하다가 동화 구연 강사 자격증을 땄어요. 자격증 딴 지 얼마 안 됐을 때라 개인기로 동화구연을 했는데 너무 길다고 혼났어요. 나중에 입사하고 나서도 개인기로 동화구연 한 걸 갖고 한참 잔소리를 들었어요. 앞으로 성우 지망생 만나면 동화구연은 하지 말라고 말해주라면서(웃음). 하지만 진짜 하면 안 된다기보다 기억에 남는 개인기를 하는 게 중요하기 때문에 기억에 남았으니 되지 않았나 싶어요. 면접관이었던 분께 들은 바로는 떨어진 사람이 개인기로 뭘 했는지는 기억이 안 난다 하시더라고요.

타 방송국 성우 시험을 한두 번쯤 보고 감을 잡아갈 때쯤에 EBS 시험이 있었어요. 그때 처음으로 1차 시험에 합격해서 2차 시험을 보러 갔죠. 대기하면서 사람들이 옆에서 연습을 하는데 한 사람이 할머니 목소리도 잘하고 아기 목소리도 잘하는 걸 보면서 '1차 통과한 사람들은 이렇게 잘하는구나' 했어요. 전 그때까지 할머니 목소리를 내봐야겠다는 생각은 해본 적도 없었거든요. 결국 2차는 떨어졌는데 그 뒤로 5~6년을 계속 떨어지니까 떨어지는 것에도 익숙해지더라고요.

 목소리로 연기하는 배우, 성우 되기

KBS 37기

프리랜서성우

김자연

성우가 되고자 마음먹은 특별한 계기가 있나요?

저는 어릴 적부터 만화나 애니메이션, 게임 같은 걸 좋아했어요. 그래서 애니메이션을 보면서 성우라는 직업을 알게 됐는데, 처음엔 성우가 아니라 만화나 애니메이션 같은 그림을 그리는 사람이 되고 싶었어요. 하지만 집에서 하도 "그림은 취미로 해야지 그걸로 어떻게 밥을 먹고 살려고 그러냐"며 반대하셔서, 부모님이 반대 안 할 것 같으면서 제 취미와 그리 멀지 않은 직업이 뭐가 있을까 생각하다가 성우를 떠올린 거죠. 사실 지금은 소리가 안정된 편인데, 한참 어렸을 땐 목소리가 공격적이고 많이 떠 있어서 애들이 많이 놀렸어요. 잘 모르는 애가 앞에 와서 이상한 소리를 내면서 제 말을 따라 하기도 하고…. 목소리 때문에 따돌림 당하면서 어린 맘에 상처를 많이 받아 남들 앞에서 말하는 걸 굉장히 싫어했어요. 그러다가 고등학교에 들어가서 문득 든 생각이 '이런 내 목소리를 긍정적인 방향으로 돌릴 수 있는 게 성우가 아닐까' 하는 것이었어요. 그때는 성우가 연기자라는 생각도 못 해서 그냥 남들이 나더러 목소리 이상하다니까 거기에 대한 반발 심리로 "보란 듯이 성우가 돼야지" 했던 거예요.

어릴 적과 비교해서 지금 목소리가 많이 달라졌다는 걸 스스로 느끼나요?

어릴 적엔 목소리 톤이 굉장히 높고 카랑카랑해서 목소리가 이상하다는 소리를 많이 들었는데, 나이를 먹으면서 이상하다고 말하는 사람이 없어졌어요. 제 목소리가 변하긴 변한 것 같은데 저는 뭐가 변했는지 잘 모르겠어요. 대학생 때까지도 목소리 이상하다는 소리를 들었거든요. 제가 미디어커뮤니케이션과라고 신문방송학과랑 비슷한 과를 나왔는데, 한 번은 뉴스를 만드는 수업이 있어서 제가 앵커를 맡았거든요. 거기서 서로 모니터링을 해주는데 누가 "앵커하는 분 목소리가 빨리 감기하는 것 같고 이상하다"고 해서 집에 가서 혼자 엄청 울었던 기억이 나요.

어떻게 성우 공부를 하셨나요?

고등학생 때는 성우가 연기자인 것도 모르고 막연하게 되고 싶다는 생각만 했어요. 그래서 어떻게든 서울로 대학을 가려고 노력했고요.

서울로 가야 성우 공부를 할 수 있을 것 같았거든요. 서울에 올라가야겠다고 생각한 뒤로 성우가 어떤 직업인지 나름대로 열심히 찾아보고, 안소연 선배님이 쓰신 책도 읽어보고 비로소 성우가 연기자라는 걸 알았죠. 하지만 그때는 연기 전공으로 진로를 바꾸기엔 이미 늦어서 연기를 배울 생각으로 대학교 연극반에 들어갔는데 자기 시간이 너무 없어서 석 달 만에 나왔어요. 그 뒤로 어떻게 하지 고민하다가 1학년 가을쯤인가 인터넷에서 처음으로 성우 지망생 동호회에서 하는 스터디모임을 알아보고 나갔어요. 그때부터 성우가 될 때까지 거의 4년 반 정도를 그 스터디모임에서 라디오 드라마 대본 읽고 연기해보며 서로 모니터해주는 식으로 공부했어요.

성우 학원을 다녀야겠다는 생각은 안 하셨나요?

학원을 다니고 싶기는 했는데 학원 다니겠다고 집에 돈을 달라고 할 수가 없었어요. 저도 학창 시절 내내 생활비를 벌기 위해 아르바이트를 나가던 입장이라 학원은 생각도 못 했죠. 학원비가 얼만지 정확히 몰라도 달에 몇 십은 족히 들 것 같아서…. 안 다닌 게 아니라 못 다닌 거예요.

성우가 됐을 때 학원을 안 다녀서 불편한 점은 없었나요?

전 오히려 아는 사람이 없어서 편했어요. 동기들 중에 저 말고는 학원을 안 다닌 사람이 없었지만 어차피 다 신입이고 다 같이 배우는 입장이라 학원에서 배우고 들어와도 혼나는 건 똑같더라고요. 학원에서 어떻게 수업하는지는 잘 모르지만 학원에서 아무리 잘 가르쳐 줘도 프로성우의 작업 현장에서 배우는 건 차원이 다를 것 같아요.

성우 지망생들에게 조언 부탁드립니다.

남들이 하는 것도 많이 들어봐야겠지만 가장 중요한 건 자신이 하는 것, 자기 소리를 많이 듣는 거예요. 저도 항상 제 연기를 녹음해서 들었거든요.

● 성우 시험 도전기

KBS 저는 대학교를 1년 휴학해서 졸업과 동시에 성우가 됐는데, 그때가 저한텐 일곱 번째 성우 시험이었어요. 그중에 4년 반 동안 총 네 번의 KBS 시험을 봤어요. 한마디로 매년 본 거죠. 그리고 제가 일곱 번째 시험으로 성우가 되기 전까지 여섯 번의 시험 중에는 어느 한 곳도, 1차조차 붙은 적이 없었어요. 그래서 마지막 KBS 시험에서 1차에 붙었을 때도 '어차피 난 여기까지겠지? 1차에 붙는 게 처음이니까. 그럼 맘 편히 가서 경험 쌓는다고 생각해야지' 하고 부담 없이 시험에 임했어요.

그러다 2차 면접에서 면접관으로 들어온 PD 분이 "학과 괜찮은데 왜 PD 안 하고 성우가 되려고 하지?"라는 질문을 하시기에 전 '성우 하지 말고 PD 하라'는 말인 줄 알고 탈락을 예상했어요. 그래도 혹시나 하는 맘에 최종 발표를 봤는데 제 이름이 있더라고요. 그 뒤엔 울면서 엄마한테 전화하고. 아빠한테 전화하고…. 정말 신기했던 체험은, 학교에 가서 같이 수업 듣는 친구한테 신나서 "나 KBS 성우 됐다"고 얘기했다가 재학 중에 KBS에 붙은 애가 있다고 그날 바로 학과에 소문이 쫙 난 거예요. 아무래도 전공이 방송과 관련된 학과다 보니까 성우라는 말은 쏙 빼고 소문이 돌더라고요(웃음).

단 한번도 실수하지 않은 사람은

결코 새로운 일을 시도하지 않는다.

★ 알버트 아인슈타인 ★